批判理论·成都评论
CRITICAL THEORY
CHENGDU REVIEW
（2）

傅其林／主编

Editor-in-Chief　Fu Qilin

四川大学出版社

SICHUAN UNIVERSITY PRESS

顾 问

Consultants

冯宪光教授（四川大学）

Prof. Feng Xianguang（Sichuan University）

朱立元教授（复旦大学）

Prof. Zhu Liyuan（Fudan University）

编　委

Editorial Advisory Board

（按拼音顺序排列）

1

编者前言

本期所选五篇文章主要涉及东欧马克思主义著名思想家卢卡奇（匈牙利）、鲍曼（波兰裔）、赫勒（匈牙利）、泰格（捷克）等人的批判理论和美学理论，涵盖现实主义、现代性等马克思主义美学的重要命题。

《批判理论的破与立——鲍曼〈怀旧的乌托邦〉(*Retrotopia*)评论》基于"批判理论自从创立以来，就一直内在地、隐性地存在破与立的根本问题"这一重要论断和前提，在肯定鲍曼对当代资本主义社会文化的新特征之批判富有洞察力和深刻性的同时，重点从"立"的方面剖析了鲍曼的价值，对于推进对鲍曼批判理论的建构性的认识有重要意义。而作者凭靠切实的事实依据和理论依据所做的论证有助于消除学界对"批判理论是否具有建构性价值"的长期误解。作者的呼吁——当代批判理论在继续坚持对资本主义新形态及本质进行深入分析批判的同时，也应该正视和研究在当今世界实际存在的中国特色社会主义建设进程，重振马克思主义批判理论有破有立的雄风——

1

具有方向性意义。

《论泰格的马克思主义超现实主义美学》主要观点是泰格"将马克思主义与超现实主义融合，建构了一种与社会主义现实主义针锋相对的超现实主义美学"，或称"社会主义超现实主义"。文章着重论述超现实主义对人的心理的内在和外在扩展的艺术特质具有革命的动能和充实马克思主义美学的意义，而超现实主义一度对马克思主义的配合，是利用革命思潮大振时机来发展自己的艺术思想，因此只能是以搭便车的方式进入马克思主义。泰格推崇社会主义现实主义，认为其同于超现实主义，是对资本主义的憎恶和对社会主义的信仰。

《马克思主义现实主义美学的三种形态》梳理了从 19 世纪马克思、恩格斯提出文艺现实主义理论，到 20 世纪马克思主义现实主义美学的发展历程，并概括出马克思主义现实主义美学的三种主要理论形态，其创新之处在于：有说服力地把卢卡奇纳入经典马克思主义现实主义美学中论述；认为苏联模式的社会主义现实主义美学使得"社会主义现实主义就不再仅仅是一种创作方法，或者说，重要的不是创作方法，而是成为社会主义国家的文化体制"，这种对于"体制化社会主义现实主义"功过的反思对当前中国特色社会主义文化建设具有启示意义；对第三种形态"聚焦'求真'美学精神的后革命时代现实主义"的概括、定位是国内外马克思主义美学专家研究成果聚集的一个判断，将它纳入"马克思主义现实主义美学的三种形态",直指当下的新形态,是一种创新性的探索。

《论卢卡奇〈历史小说〉中历史与形式的辩证法》从"历史"与"形式"的哲学辩证法角度研究卢卡奇1936—1937年写作的《历史小说》,选取的角度能够体现卢卡奇美学思想发展的特点,在国内的研究中是有突破性的。卢卡奇从唯心主义美学家成为唯物主义美学家的重要转变是在理论上把"心灵与形式"转化为"历史与形式""社会与形式"。卢卡奇的《历史小说》是他在系统地完成欧洲现实主义文学的文学史研究工作之后进行的一种马克思主义文学理论阐释和建构。本文在分析卢卡奇文学思想的特点时一再强调,在《历史小说》中,卢卡奇在反思苏联反映论的基础上进行了个人有创建性的建构论的阐释。

《论赫勒对现代日常生活悖论的批判与超越》根据赫勒《碎片中的历史哲学》等一系列重要著作中的论述,归纳出赫勒从偶然性出发审视现代日常生活悖论的根源,从人的特殊性来理解现代日常生活悖论的状况,从人的个体性所具有的丰富的生存论价值,来寻求超越现代日常生活悖论之道,深入阐释了赫勒现代性创新性理论,对于理解赫勒现代性理论所贯通的历史理论、道德理论、美学理论等整个思想理论体系都有重要学术价值。

目录

Contents

批判理论的破与立

——鲍曼《怀旧的乌托邦》（*Retrotopia*）评论

冯宪光

摘要：批判理论自从创立以来，就始终内在地存在破与立的根本问题。批判理论延续了青年马克思"批判哲学"中对"解释世界"与"改造世界"的理论结构，依旧将破的目标定位于资本主义，立的目标定位于社会主义。批判理论在 20 世纪的发展过程中出现了一些破与立的变化。最主要的变化是虽然批判资本主义社会这一破的对象一直是清晰的、坚定不移的，但是对社会主义立的目标却发生了失落和错乱。在批判理论中少有对马克思所科学论证的社会主义前途的研究，而齐格蒙特·鲍曼在批判全盘否定社会主义的理论研究中做出了突出贡献。在 2017 年鲍曼最后一本著作《怀旧的乌托邦》中，面对历史终结论对乌托邦的否定，鲍曼揭示了当前社会"未来往回走"的逆托邦趋势。在"回到霍布斯""回到部落""回到不平等""回到子宫"的四种逆托邦趋势中，鲍曼批判了当代资本主义社会和文化的新特征，并呈现出批判理论对持久、激进希望的坚持。当代批判理论在继续坚持对资本主义新形态及本质进行深入分析批判的同时，也应该正视和研究在当今世界实际存在的中国特色社会主义建设进程，重振马克思主义批判理论有破有立的雄风。

关键词：批判理论；鲍曼；《怀旧的乌托邦》

作者简介：冯宪光，1945 年生。四川大学文学与新闻学院教授，1997 年批准为文艺学博士生导师，长期从事文艺学研究。承担"西方马克思主义文论与中国新时期文论比较研究""20 世纪马克思主义文艺理论本体论心态研究"等国家社科基金课题，著有《"西方马克思主义"美学研究》《马克思主义文艺学的当代问题》等论著，曾获四川省社科研究成果二等奖等多种奖项。［电子邮箱：feng. xian guang@ sina. com］

The Breakthrough and Establishment
of Critical Theory

—A Review of Bauman's *Retrotopia*

Feng Xianguang

Abstract: Since its inception, critical theory has always inherently had the fundamental problem of breakthrough and establishment. Critical theory continues the theoretical structure of "interpreting the world" and "changing the world" in the "critical philosophy" of the young Marx, and still sets the goal of breakdown of Capitalism and the goal of establishment of Socialism. The development of critical theory in the twentieth century has witnessed some changes. The main change is that while the target of the critique of Capitalist society has been clear and firm, the target of the critique of Socialism has been diffused and misaligned. There have been few studies in critical theory of the future of Socialism as scientifically argued by Marx, but Zygmunt

Bauman made a notable contribution to the theoretical study of the critique of the total rejection of socialism. In Bauman's last book, *Retrotopia*, in 2017, his revealed the retrotopian tendency of the current society to "future-backward" in the face of the denial of utopia by the end of history. In the four retrotopias of "back to Hobbes", "back to Tribes", "back to Inequality", and "back to the Womb", Bauman criticized the new features of contemporary Capitalist society and culture and presented critical theory's insistence on enduring radical hope. Contemporary critical theory should continue to insist on in-depth analyses and critiques of the new form and nature of Capitalism, while at the same time facing up to and studying the process of establishing Socialism with Chinese characteristics that actually exists in today's world, so as to revitalize the strength of Marxist critical theory, which has its breakthroughs as well as achievements.

Keywords: Critical Theory; Bauman; *Retrotopia*

Author: Feng Xianguang (1945—) is a professor at the College of Literature and Journalism in Sichuan University, and was approved as a doctoral supervisor of literature and art in 1997. He has long been engaged in the study of literature and art. Feng is responsible for the

National Social Science Foundation projects such as "Comparative Research on Western Marxist Literary Theory and Chinese New Period Literary Theory" and "Ontological Mentality Research on 20th Century Marxist Literary Theory". Feng is also the author of *The Study on the Aesthetics of Western Marxism* and *Contemporary Problems of Marxist Literature and Art*, and has won various awards, including the Second Prize for Social Science Research Achievements in Sichuan Province. [Email: feng. xianguang@ sina. com]

在第四届东欧马克思主义批判理论国际会议举行之际，本文讨论齐格蒙特·鲍曼一生最后的著作《怀旧的乌托邦》（*Retrotopia*），以纪念这位当代著名的马克思主义批判理论家。

我的文章标题是"批判理论的破与立"。"破与立"是中国共产党在中国革命、建设、改革发展历程中确立的中国化马克思主义理论的一个重要的辩证法范畴。这个范畴涉及马克思主义指导下的无产阶级革命和社会主义建设的目标、任务以及实践方略。毛泽东 1940 年发表《新民主主义论》时指出：按照马克思主义的普遍真理，进行中国革命，建立新中国文化时必须批判旧中国的封建主义文化，

"不破不立，不塞不流，不止不行"。① 这是在中国化马克思主义发展过程中结合中华优秀传统文化"革故鼎新"的思想观念，② 而提出在革命、建设实践中都必须遵循历史趋势，树立有破有立的奋斗目标和具体方略。毛泽东多次论述"不破不立""破字当头，立在其中"的辩证关系，强调了在革命时期必须具备"破字当头"的斗争精神。在中国特色社会主义新时代，根据改革和建设实践需要，习近平总书记强调："要坚持破和立的辩证统一，破立并举、先立后破，该立的积极主动立起来，该破的在立的基础上及时破，在破立统一中实现改革蹄疾步稳。"③ 破与立的辩证思想是中国化马克思主义思想体系中的重要范畴和理论话语。本文用"破与立"的关系来描述批判理论近百年的理论形态的起源、发展、变化状况，在此背景下阐释鲍曼社会主义人文主义批判理论的贡献。从破与立的角度讨论百年批判理论历史，并对批判理论家的理论立场进行评价，是一直以来西方传统批判理论没有提出过和没有认

---

① 《毛泽东选集》第 2 卷，人民出版社 1991 年，第 695 页。

② 此观念源自中国先秦典籍《周易·杂卦》："革，去故也；鼎，取新也。"《杂卦》是孔子打破周文王的卦象顺序，按照卦意相对（反义）或相应（同义）原则排列出一些卦象进行的专题论说，包含中国古代朴素辩证法思想。中国化马克思主义破与立的辩证思想即为同中华优秀传统文化相结合的产物。

③ 《习近平在省部级主要领导干部学习贯彻党的二十届三中全会精神专题研讨班开班式上发表重要讲话》，《人民日报》2024 年 10 月 30 日。

真思考过的理论问题。本文立足中国自主理论话语对此进行新的阐释，希望对 21 世纪批判理论的建设和发展有所助益。

批判理论自从创立以来，就一直内在地、隐性地存在破与立的根本问题。

关于批判理论的来源，在第一届东欧马克思主义批判理论国际会议上，我就提出，我赞同克里斯托弗·F. 祖恩（Christopher F. Zurn）在《阿克塞尔·霍耐特——一种社会批判理论》中的说法。马克思主义是批判理论。青年马克思首创了"批判哲学"这一概念。[①] 1843 年 9 月马克思在给卢格的信中提出，他们共同主办的《德法年鉴》（*Deutsch-Französische Jahrbücher*）应该有一个表达自己信念的明确思路和口号，马克思说："什么也阻碍不了我们把政治的批判，把明确的政治立场，因而把实际斗争作为我们的批判的出发点，并把批判和实际斗争看作同一件事情。在这种情况下，我们不是教条地以新原理面向世界：真理在这里，下跪吧！我们是从世界的原理中为世界阐发新原理。我们并不向世界说：停止你那些斗争吧，它们都是愚蠢之举；我们要向世界喊出真正的斗争口号。""这样，我们就能用一句话表明我们杂志的倾向：对当代的斗争和愿

---

① Christopher F. Zurn，Axel Honneth，*A Critical Theory of the Social*，Polity Press，2015，p. 5.

望作出当代的自我阐明（批判的哲学）。这是一项既为了世界，也为了我们的工作。它只能是联合起来的力量的事业。"① 青年马克思创立的"批判哲学"的基本思想就是1845年《关于费尔巴哈的提纲》稿本中的不仅在批判中"解释世界"，而且根本问题是要在批判中"改变世界"。批判理论"改变世界"的理论结构中，就蕴含着破除旧世界、建立新世界的破与立的问题。马克思从1845年开始树立的理论方向，终其一生的研究，其重大贡献之一是创建了科学社会主义理论。这个理论是有破有立的，破的对象是资本主义，立的对象是社会主义。

　　同时，我也赞同学术界普遍认同的观点，批判理论作为一种学科话语和学术话语，来自法兰克福学派霍克海默1937年发表的《传统理论与批判理论》。魏格豪斯认为，法兰克福学派的批判理论是"关于社会一般进程的'唯物主义的'和'批判的'理论"。② 而且，霍克海默在写完这篇文章之后，写信给格罗斯曼，信中说这篇提出批判理论这个学术话语的文章是为纪念《资本论》发表70周年而写的。③ 马克思倾心写作的伟大著作《资本论》的科学结论

---

①　《马克思致阿尔诺德·卢格（1843年9月）》，《马克思恩格斯文集》第10卷，人民出版社2009年版，第9—10页。

②　〔德〕罗尔夫·魏格豪斯：《法兰克福学派：历史、理论及政治影响》，孟登迎等译，上海人民出版社2010年版，第5页。

③　〔德〕罗尔夫·魏格豪斯：《法兰克福学派：历史、理论及政治影响》，孟登迎等译，上海人民出版社2010年版，第250页。

是资本主义必然灭亡，同时也必然有一个取代资本主义的新的社会制度出现，这就是社会主义。更何况，1923年在法兰克福大学设立社会研究所的目的就是研究工人运动和马克思主义的科学社会主义。霍克海默对此是心知肚明的。这充分表明，法兰克福学派首推批判理论也是有破与立的内在含义的。其目标与马克思是同样的：破的目标是资本主义，立的目标是社会主义。

批判理论在20世纪的发展过程中出现了破与立的一些变化。最主要的变化是批判资本主义社会这一破的对象一直是清晰、坚定不移的，但是对社会主义立的目标则发生了失落和错乱。鲍曼于2017年逝世。在他去世当年，批判理论家西蒙·马赛尔概述了当代批判理论覆盖的理论领域以及思想依然活跃于其中的批判理论家的批判理论的对象性特点。所谓当代批判理论已经超越了霍克海默、阿多诺和马尔库塞的批判理论，是后现代批判理论或晚期资本主义的批判理论。他说："今天'批判理论'的使用可以唤起各种知识分子运动和学术领域。其中包括：朱迪思·巴特勒的性别理论，米歇尔·福柯的批判谱系，爱德华·赛义德、霍米·巴巴和佳亚特里·斯皮瓦克的后殖民主义，德勒兹和瓜塔里的后结构主义，伊芙·科索夫斯基·塞奇威克的酷儿理论，劳伦·伯兰特的文学和文化批评，布莱恩·马苏米的情感理论，雅克·德里达的解构主义，利奥塔和詹姆逊的后现代主义理论，塞拉·本哈比卜的世界主义，唐娜·哈拉威的半机械人女权主义，哈贝马斯的后世俗理性主义，鲍曼的社会主义人文主义，以及无处不在的拉康－黑格尔主义的斯拉沃伊·齐泽克，这里只列举了一些最突出的人物和趋势。"① 马赛尔的概括表现出当代批判理论总体上主要关注对资本主义社会的批判，而少有研究马克思所科学论证的社会主义前途。批判理论的破与立很不平衡。这个问题的出现是有历史原因的。批判理论在第二次世界大战以前，对苏联社会主义基本上是肯定的，是有破有立的，而在"二战"以后，特别是苏共二十大对斯大林的批判之后，在西方左翼群体中产生了对社会主义的回避和厌弃，西方某些批判理论在批判资本主义社会的同时，也把苏联模式社会主义作为另一种批判对象。苏联是世界上第一个社会主义国家，由于各方面复杂原因，苏联模式社会主义确实存在诸多问题。不是说批判理论不能批判苏联模式社会主义，但某些批判理论著作就是在批判某些弊端的同时把社会主义全盘否定了。这就像马克思用一个很形象的比喻来形容费尔巴哈批判黑格尔的方式，说费尔巴哈像一个糊涂的老太婆，在给婴孩洗了澡后，把婴孩和脏水一块儿泼到门外去了。这样的结果使马克思创立的批判理论，在当代某些理论家著作中，在对科学社会主义

---

① Simon Mussell, *Critical Theory and Feeling: The Affective Politics of the Early Frankfurt School*, Manchester: Manchester University Press, 2017, p. 14.

的立的方面，失去了现实目标。值得欣慰的是，今天我们纪念的鲍曼名列当代批判理论突出代表的行列。而马赛尔则认为他的批判理论的特色是社会主义人文主义。鲍曼是当代少有的有破有立的批判理论家。批判理论从诞生开始已经有漫长的历史，发展到今天确实有形形色色的批判理论，在某些批判理论全盘否定社会主义的时候，1976 年他出版了《社会主义：活跃的乌托邦》（*Socialism-The Active Utopia*，或译为《激进的乌托邦》），抵制批判理论中全盘否定社会主义的歪风邪气。他指出，"社会主义最重要的特征之一是它对现在的内在批判，与它的未来取向不可分割"①。"由于这种不可磨灭的批判精神"，科学社会主义理论"反对一切用一劳永逸的具体社会纲领来描述社会主义的企图"，"对公正社会的渴望，加上对当前不公正社会的摒弃，是社会主义最不变的特征，也是理解其在现代社会中的历史作用的关键"。② 我们看到，在马赛尔所列当代批判理论家名录中，在当代以标举"社会主义人文主义"而独树一帜的，只有鲍曼。这是值得尊敬、推崇和纪念的。鲍曼的著作在今天的中国和世界值得认真研究。这也是我们现在举行这个批判理论重要会议的亮眼之处。

---

① Zygmunt Bauman，*Socialism: The Active Utopia*，London：George Allen and Unwin，1976，p. 50.

② Zygmunt Bauman，*Socialism: The Active Utopia*，London：George Allen and Unwin，1976，p. 51.

鲍曼的批判理论内容广泛，其中之一是乌托邦问题，这个问题具有明显的社会主义人文主义的性质。托马斯·莫尔在500多年前，把人类回归天堂伊甸园或在地球建立人间天堂之千年梦想称为"乌托邦"。恩格斯的《社会主义从空想到科学的发展》把圣西门、傅立叶、欧文的理论定性为空想社会主义，英文为 Utopian Socialism，即乌托邦社会主义。其主张：通过富有财产的群体自愿、和平地放弃他们的财产，实现生产资料的社会所有权，从而根除资本主义社会的阶级对立和贫富差距，建立乌托邦的人间天堂。从莫尔的"乌托邦"到法国空想社会主义，以及马克思、恩格斯建立的科学社会主义，似乎都被鲍曼纳入了这一"现代初期积极的、狂暴的、坚定的、自信的乌托邦"，这种积极的乌托邦到现今居然成为"极不自信的、扭捏的、阴郁而失望的、挫败主义者的逆托邦（retrotopia）"①。这是鲍曼在《怀旧的乌托邦》（*Retrotopia*）中研究的主要问题。

从乌托邦到逆托邦演变的历史转折点显然是在20世纪90年代出现的十月革命开始逐步建立起来的苏联及东欧社会主义国家的解体。美国学者弗朗西斯·福山在《历史的终结与最后的人》中提出，苏联解体，东欧剧变，冷战结束，标志着共产主义的终结，历史的发展只有一条路，即

---

① ［英］齐格蒙特·鲍曼：《怀旧的乌托邦》，姚伟等译，中国人民大学出版社2018年版，第172页。

西方的市场经济和民主政治。在他看来，这种资本主义制度是"人类意识形态发展的终点"和"人类最后一种统治形式"。一位左翼学者恩佐·特拉韦尔索指出："历史的终结也被认为标志着乌托邦的终结，因为所有关于资本主义可能替代方案的猜测都被谴责为不切实际的、理想主义的和不合理的。"① "今天，共产主义的终结打破了过去与未来之间的这种辩证法，而我们的'现在主义'时代所产生的乌托邦的衰落几乎使马克思主义的记忆消失殆尽。"② 弗朗索瓦·富雷写了《幻想的消逝》一书，其中所说的幻想就是一个新的社会必然取代资本主义的愿景。他在该书的结尾得出了这样的结论："另一个社会的想法几乎已经变得不可能想象，当今世界上没有人就这个问题提供任何建议，甚至没有人试图提出一个新概念。我们都在这里，注定还要活在这个世界上。"③ 在西方世界左翼知识界这样茫然无序、张皇失措，认识到"改变世界的尝试失败了"之后，左翼的想象显然变得灰暗，随之而来的话语则变得谨慎、悲伤、无望。这就是几十年来，西方某些批判理论家失落和放弃了社会主义根本信念而形成的只破不立的理论逻辑。

---

① Enzo Traverso, *Left-wing Melancholia: Marxism, History and Memory*, New York: Columbia University Press, 2016, p. 9.

② Enzo Traverso, *Left-wing Melancholia: Marxism, History and Memory*, New York: Columbia University Press, 2016, p. xiv.

③ François Furet, *Passing of an Illusion: The Idea of Communism in the Twentieth Century*, Chicago: University of Chicago Press, 1999, p. 502.

而鲍曼就是在这种左翼知识分子灰心失意的状况下，在去世前不久完成了《怀旧的乌托邦》。这是他一生的最后一部著作，这一著作在他去世后的十几天才在剑桥 Polity 出版社正式发行。这一著作对当今世界资本主义社会的阶级对立和贫富差距的社会现实需不需要改变，能不能改变，人类还有没有光明美好的前景的重大问题做出了自己的回答，彰显了批判理论在时代危机面前的巨大能量。它彰显了批判理论的伟大传统：批判理论即使在最黑暗的历史时刻，也拒绝绝望。

鲍曼声称，"本书的目的，就是简要概括莫尔之后现代乌托邦所经历的 500 年漫长历史的曲折旅程，揭示、描述和记录在乌托邦历史中新兴的逆托邦阶段存在的最引人注目的某些'未来往回走'的趋势"①。历史终结论出笼之后，人们在前瞻未来时，也根据各式各样的未来趋势，做出了一些现实的选择。但是其基本倾向都是在社会前行发展的趋势走不下去的时候，退回到过去，总而言之，这种种举措导致人类乌托邦的坠落，落入了逆托邦。"逆托邦的情感与实践在诸多层面都与未来背离"②，逆托邦是对历史进步的反叛。在社会主义事业遭受重大危机时，鲍曼没有

① 〔英〕齐格蒙特·鲍曼：《怀旧的乌托邦》，姚伟等译，中国人民大学出版社 2018 年版，第 14 页。

② 〔英〕齐格蒙特·鲍曼：《怀旧的乌托邦》，姚伟等译，中国人民大学出版社 2018 年版，第 19 页。

选择随波逐流，对乌托邦失落之后产生的逆托邦的几种主要现象和模式进行分析批判，批判其违背历史前进趋势，同时又深陷无法解决现实危机的泥淖之中的无助处境。他指出："当下，正是'未来'因不可信、不可控而遭受谴责、嘲笑而成为失信者的时候，也正是'过去'成为可信者的时候。'过去'成了（真正的或公认的）值得信任的东西，人们逐渐放弃了选择那即将破产的希望和未来的自由，更不再为之而努力。"①

这种现象真的是历史的终结吗？物极必反，否极泰来。在社会主义事业面临危机的时刻，又必然会出现复兴社会批判理论的时机。马克思指出，"辩证法在对现存事物的肯定的理解中同时包含对现存事物的否定的理解，即对现存事物的必然灭亡的理解，辩证法对每一种既成的形式都是从不断的运动中，因而也是从它的暂时性方面去理解，辩证法不崇拜任何东西，按其本质来说，它是批判的和革命的"②。在社会主义以及人类前途面临巨大危机的时刻，批判理论的锋芒必然会指向各式各样的异托邦。"批判理论的核心激励作用之一：希望。"③ 批判理论坚定地相信，一个

① ［英］齐格蒙特·鲍曼：《怀旧的乌托邦》，姚伟等译，中国人民大学出版社2018年版，第4—5页。
② 《马克思恩格斯文集》第5卷，人民出版社2009年版，第22页。
③ Enzo Traverso, *Left-wing Melancholia:Marxism*, *History and Memory*, New York：Columbia University Press，2016，p.115.

不公正和不自由的社会秩序需要大规模的变革，这种变革的方略必然指向未来人类的希望，而不是返回过去。在逆托邦喧嚣一时之际，必须有"批判的和革命的"批判理论出场，对其进行有力的剖析和批判。鲍曼最后的著作始终坚守批判理论有破有立的信念。

鲍曼批判的第一种逆托邦与未来背离的现象和模式是"回到霍布斯"。霍布斯在《利维坦》中认为，人性本恶，人的自然状态是一种战争状态，人只有通过人为的信约才能建立起威慑个人的公共权力，实现稳定的一致，在没有一个公共威权使人们恐惧的时候，他们便处在所谓的战争状态之下，这种战争，即一切人反对一切人的战争。而占据当代资本主义社会权力的新自由主义在苏东社会主义解体之后对国家权力加强控制，实施资本主义的强力统治，在资本不受约束时，就使社会整体进入战争状态。为此，他引述著名文化与社会批判家吉鲁在《美国沉迷于恐怖主义》中的深刻论述："这一恐怖主义系统，形成了一种正在毁灭这个星球、所有公共产品和民主感的系统性暴力。并且，它不再通过意识形态，而是通过建立一个惩罚性的国家来控制它自己。……新自由主义将暴力注入我们的生活，将恐怖注入我们的政治。"① 鲍曼指出，这是一个以实用主

---

① ［英］齐格蒙特·鲍曼：《怀旧的乌托邦》，姚伟等译，中国人民大学出版社 2018 年版，第 31—32 页。

义作为最高理性的世界，适应消费主义世界的期待。而且，"世界上的军工产业综合体是如此的巨大，在当下完全不受政治控制，也不会停止攫取巨额利润"，武器泛滥，暴力成灾，战争不休。他还指出，现在出现的恐怖主义的根源也在于新自由主义的暴力统治。这些都是对当下资本主义社会的尖锐批判。

鲍曼批判的第二种逆托邦与未来背离的现象和模式是"回到部落"，即全球化导致了权力与政治的分离。当下的国家成为居民区，变成了封闭而狭隘的共同体，人们的生存环境成为异邦，现实发展迅速，变幻莫测，未来也是一个异邦，怀着对未来的恐惧，人们依恋和回归传统。"这种'共同体'框架塑造了我们的世界观，以及我们在世界中的存在模式，这种模式在寻求内部整合的同时，积极寻求外部分离；一方面是需求家园的舒适性，一方面视外部不可栖居；一方面对内部友好，一方面认为外部是陌生的、值得怀疑和警惕的。"① 但在一个全球化的社会，这只是一种新保守主义的意识形态，对于人的正常生存毫无意义。鲍曼正确地指出："全球问题需要全球性的解决方案，任何其他选择都不可能消除它们。"②

---

① ［英］齐格蒙特·鲍曼：《怀旧的乌托邦》，姚伟等译，中国人民大学出版社 2018 年版，第 99 页。

② ［英］齐格蒙特·鲍曼：《怀旧的乌托邦》，姚伟等译，中国人民大学出版社 2018 年版，第 111 页。

　　鲍曼批判的第三种逆托邦与未来背离的现象和模式是"回到不平等"。新自由主义的政治统治的规则就是解放对资本的管控："从政治上设计的和实施的规范中解放出来的资本，将把劳动力紧紧地包裹在新颁布的法律法规构成的密集网络中，同时剥夺了劳动力在互惠型劳资相互依赖关系中千方百计好不容易才获得的决策能力。"① 值得注意的是，鲍曼表达了对某些批判理论客观上掩饰社会不平等现象的不满，他批评有些社会学研究认为这种不平等现象是相对的，"即剥夺感是相对的，因为它们只有与社会常态进行比较才能体会到，所以不是绝对的，也不是普遍的"。② 他还讥讽了批判理论的承认理论实际上没有批判资本主义社会的不平等，而是为不平等现象辩护。他说："'承认问题'从再分配问题中解放出来。现在对承认的要求往往被表达出来，却与分配公正无关。"③ 批判理论家霍耐特试图抵抗物化、修正主体、治理社会的承认理论有三种主体间性承认形式：爱、法权、团结。如果在资本主义社会中众人互相承认各自在经济上的法权地位，资本家非法剥夺工人劳动成果就合法化了。

---

　　① ［英］齐格蒙特·鲍曼：《怀旧的乌托邦》，姚伟等译，中国人民大学出版社 2018 年版，第 126 页。
　　② ［英］齐格蒙特·鲍曼：《怀旧的乌托邦》，姚伟等译，中国人民大学出版社 2018 年版，第 132 页。
　　③ ［英］齐格蒙特·鲍曼：《共同体：在一个不确定的世界中寻找安全》，欧阳景根译，江苏人民出版社 2003 年版，第 108 页。

鲍曼批判的第四种逆托邦与未来背离的现象和模式是"回到子宫"。"回到子宫"就是不能忍受这个不幸福、毫无快乐的社会，于是把自己孤立起来，不与世人交往，"躲进小楼成一统"。人是在毫不知情的状况下来到人世间的，在人世中备受煎熬，不如不从母体中出生。这是当下自恋主义者的一种普遍心态："从现代初期积极的、狂暴的、坚定的和自信的乌托邦，到现今极不自信的、扭捏的、阴郁而失望的、挫败的主义者的逆托邦"，所有美好的追求都化为乌有，无路行走。其根源在于人们对美好生活的向往"逐渐沦为一种商品化的生活。对消费市场的宰割，并且因为被掏空了道德意义而变得极度的贫困"。① "中世纪的安乐乡之梦，人们认为是一种乌托邦，反衬出饱受匮乏之苦的人民所遭受的牺牲和无能为力。而回到子宫中的涅槃之梦，也是一种乌托邦，反衬出现在人们所遭受的繁重的让人愤怒的税赋，……反衬出人们因为发现那种安乐乡已极其难以实现而震惊和沮丧。"② 这种"新自由主义创业型公民概念"在新自由主义规则下又必须如此的文化是没有任何前途的。

习近平总书记指出："当代世界马克思主义思潮，一个

---

① ［英］齐格蒙特·鲍曼：《怀旧的乌托邦》，姚伟等译，中国人民大学出版社 2018 年版，第 179 页。

② ［英］齐格蒙特·鲍曼：《怀旧的乌托邦》，姚伟等译，中国人民大学出版社 2018 年版，第 201 页。

很重要的特点就是他们中很多人对资本主义结构性矛盾以及生产方式矛盾、阶级矛盾、社会矛盾等进行了批判性揭示，对资本主义危机、资本主义演进过程、资本主义新形态及本质进行了深入分析。这些观点有助于我们正确认识资本主义发展趋势和命运，准确把握当代资本主义新变化新特征，加深对当代资本主义变化趋势的理解。"① 当代批判理论深刻之处是对资本主义社会的批判。鲍曼的《怀旧的乌托邦》批判了当代资本主义社会和文化的新特征。苏联模式社会主义结束之后，西方世界似乎回归了新自由主义资本主义模式。这种所谓历史的终结的实际结果是形成了否定乌托邦进步文化的逆托邦，这是令人无法忍受的。它不能给予人们幸福生活，反而让人们陷入新的牢笼。鲍曼的这种批判加深了我们对当下资本主义社会及其文化新形态、新状况的深入认识。

《怀旧的乌托邦》批判"在乌托邦历史中新兴的逆托邦阶段存在的最引人注目的某些'未来往回走'的趋势"。批判理论的核心是一种持久的、激进的希望。对于鲍曼来说，社会批评家的任务是回顾和审视过去的思想，重新传播和复兴尚未充分实现或阐明的文化，并在这些被遗忘的、过时的或简单具体化的形式中发现隐藏的乌托邦潜力。作为

---

① 《中共中央政治局就当代世界马克思主义思潮及其影响进行第四十三次集体学习》，《人民日报》2017 年 9 月 30 日。

一位社会主义人文主义的理论家，鲍曼在破的同时，提出了立的方向。1976 年他出版的《社会主义：活跃的乌托邦》对苏联社会主义模式存在的问题进行了有分析的批评，并且在不少方面对其给予正面肯定。他肯定与批评的根据是："只要我们把社会主义理解为一种全新的文化，一种新的主导哲学，一种关于现实和人类潜能的新概念，一种将个人传记纳入社会历史的新方法，以及人际关系的新模式，而不仅仅是所有权头衔的制度变化或统治部队的改组，这似乎就是马克思理解社会主义的方式。"①

鲍曼在他所有的著作中，都体现了对全球底层人民和西方蓝领工人的深切关心和同情。他对社会主义的信念是，"我从马克思那里学到很多。我依然坚持这一社会主义理念：评判一个社会的标准，在于它是否让最弱势的成员过上体面的生活"②。只有站在人民一边，才能够理直气壮地坚守社会主义信念，从而使其批判理论始终坚守有破有立的理论立场。

鲍曼的《怀旧的乌托邦》并不止于对资本主义社会出现的新问题的批判，该书的结语是："为了改变，请向前

①　Zygmunt Bauman, *Socialism: The Active Utopia*. London: George Allen and Unwin, 1976, p. 75.
②　[英]齐格蒙特·鲍曼，[瑞士]彼得·哈夫纳：《将熟悉变为陌生：与齐格蒙特·鲍曼对谈》，王立秋译，南京大学出版社 2023 年版，第 207 页。

看。"这是改变世界的有破有立的批判理论应有的思维。鲍曼提出："对于理解和解决当前的困境，正确而重要的做法，就是借鉴马克思的理论。他认为，我们——制造历史的人们，——从来不是在自己所创造的条件下创作历史。他说，'人们自己创造自己的历史，但是他们并不是随心所欲地创作，并不是在他们自己选择的条件下创造，而是在直接碰到的、既定的、从过去承继下来的条件下创造。'"① 人们在当下所面临的历史处境是，人类的生存问题都已经全球化了，如何协调诸多层面的全球化与政治层面的地方性之间的关系？这是人类最难解决的困境。鲍曼提出，解决困境之道在于实现"世界性政治整合的人类"共同体。而且应该把这种整合"置于日常接触的邻里与工友的观照之下。我们②不应再披着相互陌生的文明、传统、宗教信仰或族群服装而相互隔离，而是应彼此交流，坦诚地彼此面对"，"以使我们能够把彼此视为'有效的对话伙伴'"。③ "我们——地球上的人类居者——现在比以往任何时候都更加接近生死抉择的关头：我们应相向而行，手挽手、肩并

---

① ［英］齐格蒙特·鲍曼：《怀旧的乌托邦》，姚伟等译，中国人民大学出版社2018年版，第214—215页。

② 这里的"我们"指在目前世界上分化为"我们"与"他们"对立的、不团结的所有人。——笔者注

③ ［英］齐格蒙特·鲍曼：《怀旧的乌托邦》，姚伟等译，中国人民大学出版社2018年版，第229页。

肩共同前进，否则我们将一起走向毁灭。"①

鲍曼在生命的最后一刻依然根据马克思的教导，在全球化生存处境中重新激活依赖于无条件支持和相互承认的团结的物质和情感纽带，以自豪和明确的国际主义的眼光，寻求马克思指引的人类解放的道路。这条道路只能是消灭一切剥削与压迫的自由、平等的康庄大道。正如阿多诺所说："只有当人们能够设想一个与之不同的社会时，社会才会成为'有问题的'（即成为知识和实践批判的对象）。"②鲍曼对未来社会的设想是对当下逆托邦思潮泛滥、"有问题的"资本主义社会不断变化的形态的深刻揭露与批判，也是他一生始终没有放弃的积极、活跃的社会主义乌托邦思想的体现。这里始终贯穿着鲍曼的马克思主义批判理论有破有立的品格。

鲍曼是当代批判理论有破有立的楷模。与鲍曼批判理论相对照，当代西方批判理论只破不立的现象是较为普遍的。它们在批判苏联模式社会主义时，往往以偏概全，把苏联模式当成社会主义唯一模式。它们有一个常用概念，名叫"实际存在的社会主义"（real Socialism），指的就是苏联模式。其用意也许表明这种社会主义离开了马克思的

---

① ［英］齐格蒙特·鲍曼：《怀旧的乌托邦》，姚伟等译，中国人民大学出版社 2018 年版，第 230 页。

② Theodore Adorno, "Zur Logik der Sozialwissenschaften", in *Kolner Zeitschrift fiir Soziologie*，Vol. 14，1962，p. 262.

原意，应当否定。其实，当今世界，苏联模式社会主义已经成为历史，现在实际存在的社会主义中具有代表性的是中国特色社会主义。特别是中国特色社会主义进入新时代以来，把满足人民群众对美好生活的向往作为社会主义建设的目标，十多年间，中国大地发生了历史性变化。2021年4月6日中国国务院新闻办公室发布的《人类减贫的中国实践》白皮书指出，改革开放以来，按照现行贫困标准计算，中国7.7亿农村贫困人口摆脱贫困；按照世界银行国际贫困标准，中国减贫人口占同期全球减贫人口70%以上，大大加快了全球减贫进程。现在的中国，河清海晏、国泰民安，呈现出马克思、恩格斯理想中的科学社会主义的新气象。这是值得批判理论研究的科学社会主义实践的新对象、新方向和新趋势。在2024年创刊的《批判理论·成都评论》第1期上，傅其林发表了论文《走向二十一世纪的批判理论》，其中提出21世纪的批判理论"必须面对新现实，新现实开拓批判理论的世界空间"。① 在当前批判理论存在只破不立的问题之际，21世纪批判理论应当正视中国特色社会主义成功崛起的新现实，中国正在进行的中国式现代化的伟大实践提供了批判理论重建有破有立的理论结构的可能性和现实性。

---

① 傅其林：《批判理论·成都评论（1）》，四川大学出版社2024年版，第1页。

我期望，21 世纪的批判理论继续坚持对资本主义危机、资本主义演进过程、资本主义新形态及本质进行深入分析批判，同时也正视和研究在当今世界实际存在的中国特色社会主义建设进程，重振马克思主义批判理论有破有立的凛然正气和雄风。

论泰格的马克思主义超现实主义美学

匡存玖

摘要： 作为 20 世纪上半叶捷克斯洛伐克最为著名的超现实主义学者，卡莱尔·泰格将马克思主义与超现实主义融合，建构了一种具有马克思主义辩证法色彩的超现实主义美学。他将超现实主义定义为一种追求革命与艺术自由的辩证艺术，深入探讨了其与社会主义现实主义的互补关系。在他看来，超现实主义通过批判和否定现实，揭露社会问题，而社会主义现实主义则肯定现实中的积极因素，两者共同推动社会和艺术的发展。他还通过对艺术无意识过程的具体分析，揭示了超现实主义背后的无意识运行机制。在他那里，想象和幻象是艺术创作的核心，能够使艺术家超越现实，构建理想的艺术境界。艺术家通过想象和幻象将内心深层想象具象化，创造出诗意空间。理解与可交流性不仅连接个体与社会，而且连接意识与无意识，使艺术作品成为个体内心世界与外部社会现实的桥梁。这使超现实主义艺术不仅成为艺术家个人表达的产物，而且引发广泛共鸣，上升为一种社会文化现象。此外，泰格还吸收了构成主义和布拉格结构主义的审美符号论，对超现实主义艺术进行了多义性分析，拓展了马克思主义美学与艺术学的视野。他的超现实主义美学不仅深化了超现实主义的理解，而且为艺术与社会、政治的互动提供了新的理解视角，展现了超现实主义在艺术和社会变革中的重要作用。

关键词：泰格；超现实主义；马克思主义美学

作者简介：匡存玖，1980 年生，四川农业大学中文系副教授。出版《"说"与"做"之间：塞尔言语行为理论及其文艺理论思想研究》(2019)、《东欧马克思主义符号学研究》(2022)、《国外马克思主义符号学美学的本土化研究》(2023) 等学术专著 6 部；在《马克思主义美学研究》《符号与传媒》等国内学术期刊发表论文 53 篇。[电子邮箱：476033678@qq.com]

On Teige's Marxist Surrealist Aesthetics

Kuang Cunjiu

Abstract: As the foremost surrealist scholar in Czechoslovakia during the first half of the 20th century, Karel Teige synthesized Marxism and Surrealism to develop a surrealist aesthetics imbued with Marxist dialectics. He defined Surrealism as a dialectical art that pursues revolution and artistic freedom, and deeply explored its complementary relationship with Socialist Realism. In his view, Surrealism interrogates and negates reality to expose social contradictions, whereas Socialist Realism highlights progressive elements within reality, and both promote the development of society and art together. He also revealed the unconscious operation mechanism behind Surrealism through a concrete analysis of the artistic unconscious process. In his view, imagination and fantasy are the core of artistic creation, enabling artists to transcend reality and construct an ideal artistic realm. Artists concretize their deep-seated imaginations through imagination and fantasy, creating poetic spaces. Understanding and communicability not only connect individuals with society but also connect consciousness with the unconscious, making artworks a bridge between the individual's inner world and external social reality. This makes surrealist art not only a product of the artist's personal expression but also a social and cultural phenomenon that triggers widespread resonance. Furthermore, Teige incorporated Constructivist principles and the aesthetic semiotics of the Prague Structuralist school, providing a polysemous analysis of surrealist art and expanding the horizons of Marxist aesthetics and art studies. His surrealist aesthetics not only deepened the understanding of Surrealism but also provided new perspectives on the interaction between art and society and politics, demonstrating the important role of Surrealism in artistic and social transformation.

Keywords: Teige; Surrealism; Marxist aesthetics

Author: Kuang Cunjiu (1980 —   ) is an associate professor of the Chinese Department at Sichuan Agricultural University. He has published six books, include *Between Saying and Doing: Searle's Speech Act Theory and Literary Theory Research* (2019), *Eastern European Marxist Semiotics Research* (2022), and *The Localization of Foreign Marxist Semiotics Aesthetics Research* (2023), and more than 50 academic papers about Marxist literary theory in journals，such as *Marxist Aesthetics Research* and *Signs and Media*．〔Email：476033678@qq.com〕

卡莱尔·泰格（Karel Teige，1900—1951）是捷克斯洛伐克20世纪二三十年代最为著名的先锋派艺术理论家和超现实主义者。法国著名超现实主义者布勒东（André Breton）认为，"泰格不断以最生动的方式诠释超现实主义……超现实主义可以自我标榜，它在布拉格和巴黎同样繁荣"①。詹姆斯·罗伯逊也指出："一个最重要的先锋理论家卡莱尔·泰格认为马克思主义是现代艺术的支柱。这种观点强烈影响了捷克的超现实主义群体。"② 而泰格超现实主义的最大的理论特色，就是将马克思主义与超现实主义融合，建构了一种与社会主义现实主义针锋相对的超现

---

① André Breton，*Manifestoes of Surrealism*，Ann Arbor：University of Michigan Press，1972，p. 256.
② ［澳］詹姆斯·罗伯逊：《论捷克马克思主义——伊万·兰达和扬·梅尔瓦尔特专访》，管小其译，《学术交流》，2017年第5期。

实主义美学，也被称为"社会主义超现实主义"①，在国际
学术领域产生了深远的影响。塔尼娅·西尔弗曼（Tanya
Silverman）强调："在政治上，泰格是一名坚定的马克思
主义理论信仰者，这种信仰在他的理论中可以清楚地看到，
尽管当他亲身经历共产主义时，这种信仰最终变得复杂起
来。尽管他坚信无产阶级并呼吁推翻资产阶级生活方式，

---

　　① 泰格认为，既然有社会主义现实主义，那么也应该有"社会主义
超现实主义"。一般对社会主义现实主义的理解偏重于"现实主义"，强调
其名词属性，但泰格认为，应该把语义理解的重点放在"社会主义"上。
"社会主义"属于类似形容词性的修饰词，由此，社会主义现实主义就被
理解成社会主义世界或具有社会主义特点或特征之类的现实主义。他认
为，社会主义超现实主义就是资本主义社会的辩证唯物主义。在 20 世纪
30 年代，社会主义现实主义对苏联而言具有存在合理性，原因是苏联已
经成为社会主义国家，而社会主义现实主义构成无阶级社会及其现实的标
志，无产阶级与社会现实之间是积极的建设性关系。与之相对，捷克斯洛
伐克在当时还是资本主义国家，革命者与其所处的社会现实之间是一种消
极的关系，这就势必会造成捷克斯洛伐克与苏联在社会主义文化建设上的
差异性。而作为资本主义世界的革命艺术家，其主要任务是将艺术与审美
表现作为批判手段引发国内革命，并通过在国外建立国际政治、文化和社
会联盟挫败法西斯主义。对此，泰格认为社会主义超现实主义拥有更强的
批判性和"破坏性"，能够加速资本主义社会的崩溃。为此，他指出，社
会主义超现实主义与社会主义现实主义也就不再是矛盾对立的关系，而是
互补或辩证统一的关系，两者是在不同的领域发挥作用。社会主义现实主
义的主要作用是肯定和歌颂社会现实，在无阶级的社会中发挥作用，代表
新的、积极的社会现实；而社会主义超现实主义的主要作用是批判、否定
和刺激现实，解决人们梦想和现实之间的矛盾，寻找现实世界无法提供的
慰藉与快乐。尽管这些观念在很大程度上偏离了马克思主义经典作家的理
解，但以一种巧妙的方式为超现实主义进行了辩护。

但泰格从未加入共产党（或任何其他政党）。"① 一方面，泰格将超现实主义置于马克思列宁主义和辩证唯物主义之下，系统阐述了社会主义超现实主义与社会主义现实主义的区别与联系，并坚定地认为两者具有互补性和一致性。另一方面，泰格将社会主义超现实主义定义为一种追求革命与艺术自由的辩证艺术，系统建构了其基本原则、内在模式、运行机制。目前国内学界对泰格及其超现实主义美学缺乏研究，本文主要阐述其理论脉络、核心观念及其影响，这对于把握捷克斯洛伐克马克思主义美学，促进国外马克思主义美学研究具有现实价值。

一、从先锋主义走向超现实主义

1921 年，年仅 21 岁的泰格成为捷克斯洛伐克第一个

---

① Tanya Silverman, "The Persistence of Poetry in Karel Teige's Outlook", in *Journal of Slovo a smysl*, Vol. 36, 2021, p. 66.

社会主义先锋主义社团即"旋覆花社"(Devětsil)① 的主要创始人。作为旋覆花社的主要理论家，泰格于 1924 年发表的《诗意主义宣言》一文，成为将旋覆花社无产阶级诗歌

---

① "旋覆花社"最初由捷克斯洛伐克查理大学的作家万楚拉 (Vladislav Vančura) 和视觉艺术家霍夫梅斯特（Adolf Hoffmeister）倡导成立于布拉格，其后泰格加入并成为创始成员。因主要创始人最初有九人，故称"九人社团"，有时也将其比作"九种力量"或"九支军队"。1923 年，旋覆花社还在布尔诺成立了分社，成员有诗人和电影评论家阿图什·切尔尼克（Artuš Černík）、诗人弗兰蒂舍克·哈拉斯（František Halas）等人。这一社团同时受马克思主义和西方现代思潮影响，旨在宣传和推广无产阶级革命艺术，主张从社会学、心理学层面重新理解和发展艺术，精神革命应当先于社会结构革命，带有极强的社会主义先锋主义色彩。一方面，他们对第一次世界大战后捷克斯洛伐克民族与国家的独立感到兴奋，对作为哲学家总统的马萨里克（Thomas Masaryk，1850—1937）带给他们的社会民主充满感激；但另一方面，他们认为社会还有进一步改善的空间，为了实现社会与人的真正解放，他们更为偏爱能够实现阶级团结和进步的马克思主义与国际共产主义意识，并宣称忠诚于马克思列宁主义。他们主要聚焦在诺伊曼（Stanislav Neumann，1875—1947）、尼耶德利（Zdeněk Nejedlý，1878—1962）、恰佩克（Karel Čapek，1890—1838）等人主编的《无产阶级文化》《沸点》《自由流派》等左翼文艺杂志的旗下，多次举办无产阶级文学、艺术讲座与论坛，将马克思主义辩证论、革命政治理论运用于无产阶级文学和民族文学研究。该社团存在 10 年之久，对 20 世纪捷克斯洛伐克的无产阶级文学、先锋文学甚至捷克"存在人类学派"都产生了深远影响。对此，捷克著名学者米兰·布拉辛卡曾指出，"我们的马克思主义批评的几乎所有代表都写到了先锋派作品，这并不令人惊讶"，甚至可以说，捷克斯洛伐克的马克思主义美学在某种程度上源自本国的社会主义先锋主义美学。

创作引向"诗意主义"① 创作的重要宣言：一方面，他强调"诗意主义从一开始就与共产主义和无产阶级革命的理念联系在一起"②。他希望从捷克共产党的政治主张、文化政策、社会责任感中找寻艺术存在的普遍意义，通过艺术活动影响和促进社会制度的发展变革。在他看来，诗意主义是对资本主义秩序不公的有力反抗，"在今天所有创造性的人类工作前面，都有一项艰巨任务，那就是重建这个世界。诗人和思想家与革命战士肩并肩地站在一起"③。但另一方面，他也坦承了他与旋覆花社另一代表沃尔凯尔（Jiří Wolker）在"无产阶级艺术"上的理解分歧。在他看来，旋覆花社的目的是敦促人们超越在无产阶级、共产主义方向中的"事物本身"，真正触及资产阶级意义生产的制度与逻辑，实现彻底的历史革命，而不是像沃尔凯尔所说的那样一味将艺术反映的内容向底层生活倾斜。诗意主义的最

---

① "诗意主义"也被称为"诗歌主义""纯诗主义"或"诗人主义"，创始人主要有泰格和内兹瓦尔，主张创作欢乐生活的艺术，含义较为朦胧，文学创作上表现为缺乏逻辑性，但颇具想象力。它强调表现诗人的内心情感世界，任凭潜意识和情感自由的流露，同时强调作家要娴熟掌握诗歌的创作技巧。绘画艺术将这一流派称为"技巧派"。"诗意主义"深刻影响了 20 世纪 30—50 年代的捷克斯洛伐克诗人与文学家。

② Karel Srp, "Karel Teige During the Thirties: Projecting Dialectics", trans. Karolina Vočadlo, in Eric Dluhosch, Rostislav Švácha eds., *Karel Teige*, 1900 − 1951: *L'enfant Terrible of the Czech Modernist Avant-garde*, Cambridge: MIT Press, 1999, p. 262.

③ 转引自戴潍娜：《光年》，广东人民出版社 2020 年版，第 161 页。

终目标是将生活与艺术融合为一体，或让艺术成为生命的艺术，或让生命本身成为艺术。即是说，诗和艺术不能只关注其思想性，而应关心人的生命、内在心灵和欢乐生活，摒弃束缚艺术发展的理性枷锁，重视艺术家对社会生活、自由生命、情感心灵的敏感把握。他甚至将全部思潮都统一在诗意主义的旗帜下，无论是立体主义、未来主义，还是表现主义，只要它们任务相同，都可以成为通往未来发展的道路。

随着社会主义思潮的风起云涌，旋覆花社及其"诗意主义"主张越来越不符合时代发展的需要，最终也于1931年宣布解体。泰格也自嘲道："当城市钟声敲响了旧秩序午夜，……诗歌不再是鸟儿的歌声，夏日阳光的陶醉；它是一个喷出鲜血的口子，一个溢出熔岩的火山口，极具奢华和海盗的庞贝城将于其中灭亡，一位社会道德的监督员也将无能为力，因为这是一种力量的喷发。"[1] 他前往苏联、法国等国考察学习，在此过程中对法国的超现实主义运动和苏联的社会主义现实主义有较多了解，并逐渐转向了社会主义超现主义研究。他兴奋地发现，超现实主义延续了诗意主义的主张，为所有人参与艺术开辟了道路，"就在昨天，在国际艺术先锋派的所有团体中，（超现实主义——作

---

① Karel Teige, *Výbor z díla*, Prague: Československý spisovatel, 1969, p. 465.

者注）是与捷克诗歌主义关系最密切的运动：今天，这两种运动的道路已经融合，在目前的发展阶段，诗意主义者声称是超现实主义。捷克超现实主义是捷克诗歌新面貌的第一步，标志着我们正在进入一个新的旅程和新的诗歌挑战阶段，诗意主义的春天正在加快转化为超现实主义，我们离客观和主观、外部和内部、社会学和心理学的现实生活又近了一步。"[1] 正是在 1930 年，泰格在《黄道带》杂志(Zvěrokruh) 刊登了法国超现实主义的部分作品和布勒东的《第二次超现实主义宣言》；1934 年，他同超现实主义诗人内兹瓦尔（Vítězslav Nezral）、精神分析学家布鲁克（Bohuslav Brouk）等人一同组建了捷克斯洛伐克超现实主义小组（Surrealismus v ČSR），并担任该小组的理论发言人，倡导建设一种社会主义超现实主义艺术美学。该小组在捷克斯洛伐克左翼艺术及其政治领域产生了重要反响，当时活跃于捷克斯洛伐克文学艺术领域的许多学者，诸如诗人哈拉斯（František Halas）、布拉格学派雅各布森（Roman Jakobson）、穆卡洛夫斯基（Jan Mukařovský）等都与超现实主义者存在密切的关系。

　　泰格的超现实主义活动引起了左翼阵线的频繁回应。1934 年，围绕超现实主义与社会主义现实主义的关系，施

---

　　[1]　Karel Teige，Ladislav Štoll，Jan Krejčí，*Surrealismus v Diskusi*，Praha：J. Prokopová，1934，p. 8.

陶尔和内兹瓦尔最早在捷克斯洛伐克的共产党中央机关报《红色权利报》上展开了系列论战，并促使左翼阵线就如何对待超现实主义和建设社会主义现实主义举办了两次影响广泛的讨论会。

在关于超现实主义的讨论会上，反对一方主要是社会主义现实主义者。他们主要批判和反对弗洛伊德精神分析的非理性和超现实主义中的理想主义成分，而且不相信超现实主义可以与马克思主义、辩证唯物主义有机结合。比如索尔丹（Fedor Soldan）秉持马克思主义庸俗社会学的观念，批判超现实主义是对政治和革命的"偏离"。捷克斯洛伐克著名历史与社会学者卡兰德拉（Záviš Kalandra）则认为超现实主义过度强调理想主义，损害了与工人阶级的关系。但他注意到，超现实主义第一个实现了人类对现实世界的幻想功能，构成了所有艺术发展的基本动力。同时，作为捷克斯洛伐社会主义现实主义奠基人的施陶尔（Ladislav Štoll），也批判超现实主义体现的个人主义心态，削弱了艺术作为教育工具的功效。但他又肯定了超现实主义的革命元素，认为工人阶级应正确、积极地对待超现实主义，而超现实主义应与共产主义愿景广泛"接触"，成为一门健康的艺术。左翼阵线还专门出版了《超现实主义讨论》文集，全面呈现了超现实主义与社会主义现实主义的这场论争。

针对左翼阵线关于超现实主义与社会主义现实主义的

论争，泰格则在《超现实主义十年》一文中进行了回应。他追溯了超现实主义运动的根源及其历史性关系认知，认为其经历了从最初渊源于充满"虚无主义"的达达主义，发展到饱含"理想主义"的黑格尔主义，最终发展到拥有"革命共产主义"理想的社会主义超现实主义。同时他强调，超现实主义应该深度参与和介入广泛的社会与政治生活领域，甚至成为社会主义现实主义的补充和重要部分，在反对战争、法西斯主义、宗教和资产阶级意识形态中充分发挥社会与政治的干预作用。他甚至赞同苏联领导人布哈林的社会主义现实主义主张，认为其将革命浪漫主义和社会主义现实主义结合，为包含超现实主义在内的各种思想提供合理的框架，将现实主义理解和解释世界和浪漫主义想要改变世界结合起来，体现了集体化和个人自由的双重努力，具有挑战和破坏西方资本主义世界的思想力量。

而且，泰格也参加了其后召开的社会主义现实主义会议，并发表长文《社会主义现实主义和超现实主义》，该文被收录进本次会议汇编的社会主义现实主义讨论文集。该文细致比较了超现实主义和社会主义现实主义这两种美学思潮的不同，深刻揭示了超现实主义与马克思主义辩证法的关联，极大更新了当时学界对超现实主义的理论认知。他认为，尽管捷克斯洛伐克知识分子们在超现实主义创作方法和观念上存在争议，但并不能因为分歧就阻碍团结。大家应该摒弃偏见并团结起来，共同反对资本主义制度和法西斯主义。他说："如果我们声明超现实主义者赞同辩证法即工业主义的世界观，并表现出一贯采用这种世界观的真诚意愿，那么他们就不可避免被纳入左翼文化阵线，因为捷克斯洛伐克超现实主义团体的成员也是左翼阵线的成员。我们必须拒绝认为超现实主义者是一个戴着左翼面具的反动团体的观点，因为这是不公正和不真实的，客观上和主观上他们都是革命运动的盟友团体。……以左翼知识阵线的团结利益为指导，以合作的方式进行批评，不要忘记有一个共同的平台，即左翼阵线！"[①]

　　但随着革命形势的发展，泰格越来越不满于苏联斯大林时期批判修正主义的文化政策而偏离马克思主义与辩证唯物主义。1936 年莫斯科召开审判会议后，他批判苏联过度让艺术从属于政治，将政治标准机械化、模式化地运用于艺术研究，政治化和意识形态批判色彩太过浓厚，背弃了他理想中的诗意主义而走向新古典主义，失去了无产阶级革命的人性实践因素。同时，他也越发强调超现实主义带来的所谓艺术自由，认为只有个人自由才是马克思主义及其辩证法的主要驱动力，在大众没有做好心理和智力准备前，不能将集体化的社会结构强加给个人自由。而超现实主义小组也因这些观念而日益偏离苏联与捷克斯洛伐克

---

　　① Karel Teige，Ladislav Štoll，Jan Krejčí，*Surrealismus v Diskusi*，Praha：J. Prokopová，1934，p. 9.

共产党的文化政策，并最终导致超现实主义小组创始人之一的内兹瓦尔单方面宣布该小组解散。但在泰格的影响下，捷克斯洛伐克后来也陆续出现了一些超现实主义组织，诸如超现实主义协会（Spořilovští Surrealisté），主要成员有卡利沃达（Robert Kalivoda）、哈弗利切克（Zbyněk Havlíček）、阿尔特斯胡尔（Rudolf Altschul）、尤泽克（František Jůzek）和法拉（Libor Fára）等人，并为20世纪五六十年代捷克斯洛伐克超现实主义的再次复兴提供了准备。

二、社会主义超现实主义：追求革命与自由的辩证艺术

泰格将超现实主义置于马克思主义辩证视野下考察，将其定义为一种兼具革命性与艺术性的辩证艺术，既是为精神自由发展和各种形式的自由表达而进行的斗争，同时也是将社会革命行动作为这些斗争的主要前提，其最终目标即马克思所说的真正的自由王国。

在泰格看来，虽然超现实主义是一股"地下潮流"，但同样是社会发展过程中不可或缺的组成部分，并潜在地参与反资本主义和反法西斯斗争，同苏联社会主义现实主义一样发挥了重要作用。超现实主义的价值就在于其革命性、社会批判性与颠覆性。这是因为超现实主义的最终目标是人的解放，特别是精神与灵魂的解放，但这些都必须通过无产阶级革命才能争取到。如果"硬说超现实主义与现实主义相对立是不太合理的,甚至,如果这样做,它就不再是马克思主义,而变成了教条主义和学术主义"①。而一件艺术品所呈现出的革命性和颠覆性越强,就说明该艺术品的现实价值越高。他甚至将艺术本身称为一场革命,认为艺术革命源于现实中的人对现实世界的不满,而艺术革命同社会革命的目标极其类似,艺术革命往往会推动社会革命的发展,通过批判社会异化及其现代性危机,引导人在通往自由和重生中展示其强大的生命力。

有意思的是,泰格早年曾一度反对法国超现实主义,原因是他认为早期的法国超现实主义与左翼政治关联不多,还不能称为一种真正的革命艺术。他基于马克思主义对超现实主义过度强调潜意识、神秘主义和自主性展开了辩证批判。在他看来,早期超现实主义虽然在政治上也存在反抗性,但更多强调思想的全能性和思想高于物质,带有很强的主观主义、唯心主义和神秘主义色彩。一方面,超现实主义受黑格尔精神哲学和辩证法较深,甚至在某种程度上较弗洛伊德影响更大。诸如黑格尔关于精神是无限的理念、理念和现实不相称、精神与人的自由本性关联等观念,都反映在了早期超现实主义观念中,虽然体现了追求精神

---

① Karel Teige,Ladislav Štoll,Jan Krejčí,*Surrealismus v Diskusi*,Praha:J. Prokopová,1934,p. 33.

解放和人的整体自由的一面，但较少涉及社会革命思想，不乏神秘主义和唯心主义色彩。另一方面，超现实主义过多继承了达达主义、象征主义、印象主义的东西，把人引入"黑暗的混乱和令人尴尬的停滞，……令人不快和令人尴尬的折中主义"①，呈现出无政府主义、破坏性和虚无主义的倾向。超现实主义源于达达主义，势必将陈词滥调与五颜六色的材料混乱进行搭配、黏合，追求反艺术、反理性的荒诞、无意义境界，给人的感觉就像是在"大马戏团"。虽然早期超现实主义也会产生娱乐感，但不能持久产生作用，体现出明显的局限性。

随着革命形势的急剧变化和法国布勒东超现实主义"第二次宣言"的发表，超现实主义全面转向了革命，而泰格的态度也随之发生转变，甚至全面接受超现实主义并将其作为诗意主义的"同路人"。他对布勒东超现实主义转向社会革命给予了充分肯定。他指出，尽管超现实主义处于非主流地位，同时花了相当长的时期才正确和充分掌握十月革命的意义，但无论怎样，超现实主义者是第一次世界大战后欧洲第一批大胆谈论共产主义和无产阶级革命的知识分子，是首次公开站在无产阶级革命立场有意识地推进艺术与诗歌运动的团体。从其发展历程看，法国超现实主

---

① Karel Teige, "Manifest poetismu", in Štěpán VlašíN a kol. ed., *Avantgarda známá a neznámá*, Praha: Svoboda, 1972, p. 557.

义中的许多人都参加过革命运动，接受了辩证唯物主义的世界观，不仅在哲学领域经历了从弗洛伊德主义到辩证唯物主义的转变，而参加具体的政治斗争与实践，在政治领域经历了从布朗基主义、无政府主义到马克思列宁主义和科学社会主义的转变，体现了鲜明的反资产阶级、反官方和革命性态度，为左翼知识分子的团结进步做出了重要贡献。他甚至考虑过超现实主义和立体主义"在多大程度上可以被描述为形式主义或现实主义"①。同时，他甚至宣称法国超现实主义者阿波利奈尔（Apollinaire）在1918年创造的"超现实主义"一词，已将现实提升到诗的范畴和高度，在很大程度上强化和提升了人们对现实的理解和认知。而超现实主义所经常采用的幻想和想象等方式也并非独立于现实范畴之外，而是与社会现实领域存在紧密关联。可以说，超现实主义是同现实主义相对的一种观念，是模仿现实的另外一种表达方式。在阿波利奈尔的意义上，全部立体主义、未来主义、奥费主义、诗意主义和构成主义都将转向超现实主义。

泰格强调超现实主义要直面现实并为革命服务，在反资本主义和反法西斯中发挥重要作用。他指出，超现实主义不仅是艺术运动，而且是关乎"人类状况"的活动。面

---

① Roman Jakobson, *Dopisy A. M. Ripellinovi* 1948 – 1952，Praha：Univerzita Karlova v Praze，2017，p. 146.

对第一次世界大战、资本主义异化、法西斯主义横行的社会现实，超现实主义要体现出无产阶级革命战斗意志和为共产主义高尚事业奋斗的决心。他强调，超现实主义"既是描绘社会动荡的'地震仪'，也是时间旋转的'风向标'"①，即要用类似地震学的方法记录人类内心的震颤与无意识的心理图谱，描绘出人类"清醒"状态下的梦境，并将其投射于社会现实中。他强调，"超现实主义不仅仅是一种艺术观点、方法和方向，而且是一种革命的诗歌运动，它认同马克思列宁的世界观，希望通过公开反对战争、反对法西斯主义、反对宗教、反对资产阶级家庭和官方意识形态，在文化方面介入广泛的社会和政治问题"②。他指出，超现实主义必须与现实保持密切联系，反之，如果放弃这些联系，艺术创作与艺术品就无法唤起真正的诗意。同时，他认为，超现实主义将现实提升到诗的范畴审视，不仅"摧毁了各种艺术之间的界限"③，而且摧毁幻想与现实的边界，而超现实主义所采用的幻想、想象等系列方式，并非同现实革命的隔绝，反而是对现实的强化。在超现实主义领域，"艺术、绘画、诗歌、戏剧创作和表演不是目

---

① Effenberger, Vratislav, *Vývojové proměny v umění*, Praha: Nakladatelství československých výtvarných umělců, 1966, p. 466.

② Karel Teige, Ladislav Štoll, Jan Krejčí, *Surrealismus v Diskusi*, Praha: J. Prokopová, 1934, p. 9.

③ Karel Teige, *Fenomenologie umění*, Praha: Československý spisovatel, 1951, p. 466.

的，而是一种工具和手段，是能够导致人类精神和人类生活本身解放的途径之一，条件是它要认同历史上革命运动的方向。……如果超现实主义者祭出'革命'这个词，那么他们的理解就与构建在辩证唯物主义世界观上的社会运动追随者完全相同"①。

泰格将这些革命理念全面贯穿于超现实主义研究中，并同其对艺术与人的自由、快乐等方面的追求结合。他认为，超现实主义应该成为追求幸福、快乐与自由的艺术美学，成为"诗意力量"的来源。正如他所说，超现实主义"把注意力转向梦的生活，在梦中看到'我们自己的生活之诗'……文学是什么？——超现实主义者想要'向所有夜深人静的人打开梦的大门'。与弗洛伊德一致，超现实主义者在梦中看到无意识活动的最充分表现；他们称赞梦是对最隐秘欲望的安抚，是对从日常世界沙漠中升起的诗意力量召唤：所有社会不能容忍的最个人化和最人性化的东西，所有道德上和社会上不能接受的想法和兴奋点，所有构成'人格深度'的东西，被剥夺人性的社会压迫驱赶到潜意识中，在梦的图像和事件中闪烁，甚至在以缺乏意志和理性控制为特征的类似心理状态中，然后在半睡眠或醉酒中，或童年的精神生活中。在梦中看到人类精神自由生活的图

----

① Karel Teige a Vítězslav Nezval, *První výstava skupiny surrealistů ČSR: Makovský*，*Štyrský*，*Toyen*，Praha：Czechoslovak Republic，1935，p. 3.

像，看到'超现实'的诗意世界"①。

首先，超现实主义发挥了重要的社会心理治疗功能。他认为，在资本主义和法西斯主义的压迫下，超现实主义以梦想和精神自由的名义召唤诗意的力量，包括所有社会都不能容忍的个性化想法，这些是对人内心最隐秘欲望的征服。而且，超现实主义反对资本主义社会一切剥夺人性与物质精神财富的东西，激活了意识形态批判功能，致力于建构超现实的诗意世界，促进了个人和集体、主观和客观、意识和存在、本能和理性的辩证统一。同时，在日常生活中，超现实主义借鉴情感而非理性的方式激发和补充现代艺术的功能，将人们从实用主义、功利主义和被奴役的日常生活中解放出来，把人交给由快乐原则支配的另一个世界，在这个世界中，人们超越现实世界的束缚，从中获得无法在现实世界获得的快乐感与满足感。

其次，超现实主义在本质上追求和谐、平衡、幸福的感觉。泰格用诗一般的语言描绘超现实主义想要达到的"诗意"状态：意识受现实原则的支配，而无意识受快乐原则支配。超现实主义正是基于无意识活动与快乐原则，用颜色、光、声音、运动甚至生命创造艺术，用"纯粹""无杂质"的方式唤醒和谐幸福的新世界，抓住世界上不可言

---

① Karel Teige，Ladislav Štoll，Jan Krejčí，*Surrealismus v Diskusi*，Praha：J. Prokopová，1934，p. 18.

喻的生命要素及其规律，诸如感官愉悦、智慧光辉、行动力量，达到对物质、生命、精神事物和谐的追求。它让诗和艺术成为"当代生活的女儿"，成为人类幸福和美好生活的"建筑师"。超现实主义是对整理人类及其艺术活动的平衡，既是对未知可能领域的大力开发，也是对基督教禁欲主义对灵魂独裁统治的终结。

而且，泰格还将其超现实主义理念融入艺术创作当中。他大量使用剪刀和胶水制作拼贴画，创造以梦境、女性、身体等意象为代表的视觉图像。比如他的一些拼贴画，将女性裸露身体的一部分镶嵌在城市景观中，并作为工业机器的部分呈现；绿色的蜿蜒的景观大道弯曲成正闭眼睛打瞌睡的女人的头和肩膀。这些画面既采用了大量日常生活片段，同时包含了大量的艺术想象性画面，其主要目的是通过日常生活与艺术想象的强烈对比，在观赏者与图像之间构筑起一种紧张的关系，促进观赏者对艺术主题的理解与认知。

三、社会主义超现实主义内在模式与运行机制

泰格从马克思主义辩证法维度考察了超现实主义的内在模式及其运行机制，强调对超现实主义无意识过程展开"具体化"的分析，通过艺术想象转化生成"诗意"的现实构造，从而揭示超现实主义背后潜藏的无意识运行机制。同时，他积极借鉴了构成主义的视觉表达方式和布拉格结

构主义的审美符号论，对超现实主义绘画、建筑、电影等展开审美符号的多义性分析，拓展了马克思主义美学与艺术学的理论视野。

泰格将超现实主义置于历史演变视野审视其内在模式的建构，历史性地考察精神形式从"外在模式（社会现实）"向"内在模式（精神心理）"的艺术发展历程。他认为，自文艺复兴以来，现代艺术已经经历了长达五个多世纪的周期性发展，"艺术作品拥有最普遍的本质属性是，艺术作品正在摆脱外在的先验模式，而寻求内在的表达模式：艺术将自己从现实原则的附属中解放出来，进入诗歌原则的境界"①。这也解释了他走向诗意主义和超现实主义的原因。在他看来，以往以先验、真实和理性等为特征的文艺复兴周期发展模式已然结束，而19世纪末欧洲印象派的出现使艺术进入了新一周期性发展的过渡阶段。可以说，印象主义是文艺复兴运动结束的重要标志，而其以极端的自然主义倾向蕴含强烈的反印象主义，又构成新艺术周期的前奏，并最终指向超现实主义。而立体主义作为超现实主义发展的基础，最早开启了对所谓"外部模式"的重新思考。可以说，现代艺术的根本性革命最早来自立体主义，其在将"意义"归还给事物的同时，加快了艺术从外在模

---

① Vratislav Effenberger, *Vývojové proměny v umění*, Praha：Nakladatelstvíčeskoslovenských výtvarných umělců, 1966，p. 463.

式到内在模式的探索过程。而超现实主义则是在立体主义基础上不断将艺术从制度、规范和惯例中解放，真正回归到符号、象征和抽象的艺术图绘中。简言之，超现实主义是艺术历史周期发展中对现实背离的必然结果，艺术发展正是在兴趣逐渐转向绘画、构图的过程中，越来越转向对艺术内在模式的关注。

在此基础上，泰格强调对艺术创作无意识过程及其活动内容展开"具体化"的分析。他赞同列宁的说法，认为超现实主义同现实主义一样，都是反映社会生活的一面"镜子"。但值得注意的是，超现实主义毕竟不是现实现象的副本，而是对艺术家无意识活动、思想、情欲的隐喻化表达。同社会主义现实主义相比，超现实主义的独特优势体现在，艺术家可以将其"真实的幻想"转换为"幻想的真实"或"虚拟的现实"，在图画、诗意真实和非真实之间，达到一种"精神形式可视化"的效果。他认为超现实主义包含两种不同的实现方式，即"瞬间灵感"和"内在形象"的建构。前者类似于摄影曝光，在灵感产生的刹那形成"稳定"图像，并通过联想将其突然传输至大脑，主观上体验到精神上的刺激与狂喜；后者则类似于摄影图像创建，艺术家通过各种技术手段建构其图像，完成其主观体验在现实层面上的映射。

想象、幻想是超现实主义运行的基础。泰格认为："幻想的奇迹是对贫瘠的社会现实的有效控诉，它们的革命性在于建立制度和事实对社会秩序的怀疑，因为它给人的印象是，在想象的世界中生活着的自由，被从专制的社会现实中驱逐出来，并且有必要通过革命改造使现实世界成为这种自由的领域。"① 艺术是关乎人的解放及其自由生命的精神形式，其作用功能之发挥，离不开想象的启发作用。按照泰格的说法，超现实主义先验地指向艺术家及其内在主体的想象与幻想，即是说，想象、幻想与超现实主义存在某种天然的联系。一般认为，无意识思维是前逻辑性的，它通过联想运行，可以对事物或物体进行浓缩、替换和混淆，赋予其象征性形象。对此，泰格认为，无意识思维等同于"诗意"的思维。无意识活动包含了无数的联想、诗意形象和符号象征。而超现实主义正是基于想象和幻象重建现实与荒谬并置的梦境，广泛激发艺术想象营造出理想化的世界，构建起沟通和联系诗意主义的桥梁，超越被理性与意志控制的意识状态。它们将不同事物或物体偶然、随机地进行组合，在选择与使用上无法让人提前预测，才能真正产生出惊人的"诗意隐喻"和"意外的对应关系"，吸引和激发起观众的无意识心理。值得注意的是，尽管超现实主义创作充满艺术想象和幻想，甚至艺术家创作时类似孩子般"玩耍"，但其毕竟不是梦想家、神秘主义者和

---

① Karel Teige, "Úvod do moderního malířství", in *Výbor z díla: Zápasy o smysl moderní tvorby*, Praha：Československý spisovatel，1969，p. 269-270.

"疯子"，也绝不会将其虚构幻象错当成现实。而在观众那里，即使观众不理解这些超现实主义艺术，也不妨碍他们基于想象和幻象激发无意识活动的产生。

理解与"可交流性"问题是超现实主义运行机制的另一重要论题。泰格坚持认为，超现实主义作品是可以理解的。首先，超现实主义艺术是作者无意识精神活动及其人类欲望的集中显现，艺术家正是在超现实主义艺术中无限放大其无意识精神活动，不仅转向艺术家的心理领域，而且投射到观赏者的心理领域。即是说，超现实主义艺术是打开通往无意识和"快乐原则"大门的钥匙，在很大程度上可因艺术的客观性、主观创造性而在艺术家与欣赏者之间形成一种共鸣，达到双方互相理解的程度，进而让人在创作与欣赏中体会到超现实主义艺术带来的前所未有的放松与自由。其次，超现实主义的理解和可交流过程遵循了原则或规律。比如超现实主义创作中的想象或联想并不是任意性的，而是经常受制于某些规则。诸如诗歌或绘画形象、抒情意义，即便是一些主观性很强的想象，都与其深层次的无意识活动紧密相关。这也显示出超现实主义的理解和可交流程度不是无法把控的。再次，超现实主义艺术一旦被创作和传播，就从个体层面上升至群体层面，为绝大多数人所共有。这就为超现实主义的可理解和可交流奠定了坚实基础。观赏者即便并不完全理解超现实主义艺术，但也不能不受其感动。原因是这些艺术饱含了丰富的主观形象、创伤记忆和理想情结，在其本质上是可交流的。第四，要用超现实主义特有方式进行理解和交流。泰格认为理解超现实主义的核心是把握艺术家、艺术品、观众三者的关系，而最为关键的是实现观众的理解。根据超现实主义的特征，他反对对超现实主义作理性化的理解，而强调用诗人般的想象或幻想解读超现实主义作品，才能真正地感知到这个世界。他认为，超现实主义不是基于逻辑关联而是基于其本能关系，因此它不能用古典美学解读，也无法在理性意义上获得真正的理解。同时，精神分析或许能捕捉到超现实主义艺术的本质，却无法把握审美接受的全部内容。而采用诗意般的想象或幻象理解艺术，才能真正感知这个世界，在沉思寂静中听到艺术家的潜意识冲动。同样，他用诗一般的语言描绘了超现实主义的理解方式，犹如音乐般的感悟：或温柔、或残酷，或沉默、或愤怒，或悠扬、或毁坏，唤醒观众心灵中的想象与联想。在这里，泰格似乎有意将审美创造与审美接受进行等同，通过想象、幻想构建起创作者与接受者之间沟通的桥梁。他鼓励接受者主动接近艺术品，充分利用图像刺激想象力，达到真正理解和可交流的地步。

在此基础上，泰格还借鉴穆卡洛夫斯基的结构主义对超现实主义运行机制展开分析。穆卡洛夫斯基在 20 世纪 30 年代将马克思主义辩证法应用于形式主义分析，创立了布拉格结构主义，并将文学艺术视作一种审美的结构符号系统。受此启发，泰格也将超现实主义艺术看作是一种审美的符号结构系统。一方面，泰格借鉴了索绪尔的符号任意性和穆卡洛夫斯基的"前推""背景"等概念。在穆卡洛夫斯基那里，"前推"和"背景"是审美符号系统的一组概念，两者相反相成，"前推"必须以"背景"为基础，才能更好地考察符号系统的陌生化程度；而"背景"是艺术中非"前推"的部分构成，背景的变化意味着前推的变化。泰格则将其应用于超现实主义艺术解释。在他看来，符号意义会随艺术语境的变化而变化。诸如超现实主义绘画中的椭圆形，在不同语境下，既可以象征人脸，也可以象征人。画境或语境变了，其符号象征及其意义都随之发生变化。另一方面，泰格借鉴了索绪尔的"能指"和穆卡洛夫斯基的"语义能"概念。他认为超现实主义艺术具有符号多义性，艺术不仅指向符号及其所指称的对象，而且可以指向另一对象的符号指称并表达其隐秘意义。超现实主义经常采用类似于蒙太奇的结构进行创作，而且允许接受者对艺术整体及其部分作多样化甚至矛盾性的解读。

四、对泰格社会主义超现实主义美学的评价

尽管泰格的社会主义超现实主义美学受西方现代思潮的影响，存在理论与实践脱节，过度强调诗意主义、个人主义、理想主义、享乐主义、感官主义和相对主义等方面的问题，不符合捷克斯洛伐克共产党文化政策和马克思主

义美学主流意识形态，但将其置于特定的社会历史语境去理解，仍不失为一种对马克思主义美学的理论创新或尝试，能够从中发现不少可供参考的理论创新点。

首先，在20世纪二三十年代，泰格注意到捷克斯洛伐克马克思主义美学因盲目照搬苏联社会主义现实主义而出现的教条化和形式主义倾向，在深刻考察社会主义超现实主义与社会主义现实主义的关系基础上，开创并系统地建构了社会主义超现实主义美学，体现了对"现实主义的深化"。正如前面所说，泰格对社会主义超现实主义和社会主义现实主义关系的理解无疑是独特的、超前的。一方面，他将社会主义超现实主义视作社会主义现实主义的补充，认为社会主义超现实主义可通过揭示潜意识及梦境现实，为社会主义现实主义提供一种"辩证的现实主义"视角，深化现实主义的研究。另一方面，他将社会主义超现实主义定义为一种追求革命与艺术自由的辩证艺术，既关心其现实政治功能，也关注艺术的自由创造，主张艺术应具有政治倾向但又不应成为政治附庸或宣传的工具，力主恢复艺术的批判性、独立性和多样性，在某种程度上开阔了马克思主义美学考察的视野，为后来平衡艺术创新性和社会功能等社会主义文化实践提供了理论参考。

其次，作为当时捷克斯洛伐克社会主义先锋主义领军人物，泰格社会主义超现实主义美学广泛吸取西方现代思潮，深度继承并融合了马克思主义和法国超现实主义、构成主义、未来主义、精神分析学、布拉格结构主义等多种理论资源，开创了社会主义先锋主义或马克思主义现代主义传统，体现了理论话语的开放性、多元性、异质性与独特性。正如之前所说，一方面，他将马克思主义视作社会主义超现实主义的理论基石，认为马克思主义可以为艺术提供社会历史批判的维度，而社会主义超现实主义的目标则与社会主义现实主义的目标一致，是从潜意识中揭示社会矛盾与人类欲望，提供更深层次的现实批判，以此唤起大众觉醒，超越资本主义并对新社会进行憧憬。另一方面，泰格深受法国超现实主义和精神分析学的影响，认为这些可为艺术创作提供更深入的心理分析基础，使其深入到潜意识、无意识中，揭示被压抑的社会现实、真情实感及矛盾，为社会变革提供更深层次的批判力量。同时，泰格还延续了他早期的诗意主义，主张打破艺术和生活的边界，并赞同构成主义、未来主义等苏联先锋派和布拉格结构主义的观点，主张艺术打破传统形式，探索新的表现手段，从语言结构及其功能角度审视艺术作品，以此适应新的社会现实和社会变革。可以看到，泰格的社会主义超现实主义美学走在了20世纪二三十年代东欧社会主义先锋主义的前列，对捷克"存在人类学派"、捷克超现实主义"新浪潮"运动、布拉格结构主义，甚至南斯拉夫"社会主义现代主义"研究都有直接或间接的影响。

再次，泰格社会主义超现实主义将艺术视作一种推动社会变革的重要力量，试图在实践中探索艺术与社会变革的互动关系，体现了鲜明的革命性与实践性。在 20 世纪30 年代，随着资本主义社会异化与法西斯主义威胁的加剧，社会主义革命风潮席卷全球和东欧各国，像布勒东等超现实主义者认为他们的个人自由解放的核心思想是与社会主义运动一致的，于是提出了"超现实主义的革命"和"超现实主义为革命服务"的纲领性口号。而泰格也认为，艺术不应脱离社会现实，也不应该只是对社会的反映，而应该是对社会的批判与改造，成为推动社会发展变革的重要力量。超现实主义也并非像其他人所说的那样完全脱离现实，而是通过潜意识或梦境中的现实等非传统表现形式揭示社会现实矛盾及其异化结构，从而促进现实主义的深化，激发人们对自由和解放的渴望，为社会革命提供精神动力。在当时，他也积极参加捷克斯洛伐克左翼文化运动，关注现代建筑、城市规划等艺术样式，认为可以通过艺术与科学技术的融合，为人类创造更加美好的生活环境。而其后他所领导的超现实主义小组，也在反法西斯主义、批判资产阶级意识形态等方面发挥了重要作用，促进了左翼文化统一战线的形成与发展。

最后，泰格的社会主义超现实主义美学关注个体的精神自由和创造力的释放，强调艺术对人类内心世界的挖掘和表达，体现了人道主义关怀。他认为，社会主义超现实主义开启了通往人类存在与解放的大门，它通过揭示艺术中潜意识的欲望与矛盾，帮助个体摆脱社会规范的束缚，释放被压抑的创造力，实现精神上的解放。值得注意的是，社会主义超现实主义直接继承了之前他提出的"诗意主义"主张。他宣称人应该诗意般地生活，"诗意"意味着人的全面解放。因此，诗学首先应该成为一种生活方式，而让艺术回归生活，实现艺术与生活之间界限的消融，让艺术成为每个人都能参与的创造性活动就势在必行了。但值得注意的是，泰格希望通过艺术获取感官的愉悦和生活的享受，也体现了明显的享乐主义和感官主义倾向。

综上所述，20世纪二三十年代泰格将马克思主义与超现实主义融合，建构了一种具有鲜明马克思主义色彩的社会主义超现实主义美学。他将社会主义超现实主义定义为一种追求革命与艺术自由的辩证艺术，并将其作为社会主义现实主义的重要补充部分展开研究，系统阐述了基于想象与幻象、可理解与可交流基础上的超现实主义运行机制及其内在模式，开创了捷克斯洛伐克社会主义先锋主义传统，体现了鲜明的理论异质性、创新性和独特性。

马克思主义现实主义美学的三种形态

郭芳丽

摘要：马克思主义现实主义美学的产生发展同步于无产阶级革命和艺术实践，形成了以"真实"为核心，包含创作方法、艺术体制、美学精神三重维度的美学体系，呈现为经典马克思主义现实主义、社会主义现实主义、后革命时代现实主义三种不同的理论形态。经典马克思主义现实主义美学由马克思和恩格斯奠基，卢卡奇将之系统化，侧重于创作方法维度，建立起"历史真实"与"现实主义"的逻辑联系。社会主义现实主义美学以新的社会、政治和文化观念为基础，进行了社会主义文艺和美学的曲折探索，突显了艺术体制维度。其创作方法的一面被弱化，政治功能的一面被强化。针对其体制化带来的僵化弊端，不同意见者从文艺、哲学层面表达了不同看法，在"社会主义现实主义"之名下进行了激烈的政治论争。后革命时代现实主义美学聚焦于"真实"的美学内核，突出反映论重围，重新激活现实主义"求真"美学精神中携带的解释世界、改变世界的革命能量。齐泽克和伊格尔顿通过探寻"实在界"既解构现实主义又重构了现实主义。詹姆逊从"感受"重释现实主义的描写，回应符号学对现实主义的"真实效应"批判。朱立元等中国理论家则进行了源于中国美学传统的现实主义美学重构，强调艺术家的"言志""抒情"的真与诚。

关键词：马克思主义现实主义美学；创作方法；艺术体制；美学精神

作者简介：郭芳丽，1980 年生，长江师范学院文学院副教授。已出版学术著作《文艺基本问题的符号学阐释》(2015)、《新时期以来作家批评的话语形态研究》(2024)；在《马克思主义美学研究》等学术期刊发表论文 20 余篇。[电子邮箱：gfl_925@163.com]

Three Forms of Marxist Realism Aesthetics

Guo Fangli

Abstract：The emergence and development of Marxist realism aesthetics are synchronized with the proletarian revolution and artistic practice，forming an aesthetic system with "reality" as the core，including creative method，artistic institution and aesthetic spirit，which presents three different theoretical forms: classical Marxist realism, socialist realism and realism in the post-revolutionary era. Classical Marxist realism, established by Marx and Engels and later systematized by Georg Lukács, emphasizes the creative method, constructing a dialectical relationship between "historical truth" and "realist representation". Based on the new society, politics and cultural concepts, socialist realism aesthetics has carried out a tortuous exploration of socialist literature and aesthetics, highlighting the dimension of art institution. The creation method is weakened, and the political function is strengthened. In view of the rigidity caused by its institutionalization, scholars with different opinions expressed different views from the literary and philosophical levels, and carried out fierce political debates in the name of "socialist realism". In the post-revolutionary era, realist aesthetics focuses on the "reality" as its core, transcending reflection theory to revive the revolutionary potential of realism's "truth-seeking" spirit. Zizek and Eagleton both deconstruct and reconstruct realism by exploring the "real". Jameson reinterprets the description of realism from "affect" and responds to the criticism of "real effect" of semiotics on realism. Chinese theorists such as Zhu Liyuan have reconstructed the realism aesthetics from the Chinese aesthetic tradition, emphasizing the honesty and sincerity of the artist's "expression" and "lyricism".

Keywords：Marxist realism aesthetics；creation method；art institution；aesthetic spirit

Author：Guo Fangli （1980—　） is a Doctor of Literature and associate professor at the College of Literature and Art in Yangtze Normal University. Guo Fangli's published writings include：*Semiotic Interpretation of the Basic Issues of Literature and Art* （2015），*A Study of the Discourse Forms of Writers' Criticism Since the New Era* （2024）；and more than 20 papers about Marxist literary theory in journals. ［Email：gfl_925@163.com］

马克思主义现实主义美学是马克思主义美学不可忽视的组成部分，却也是最含混和面目模糊的存在。在某些特定的情境下，马克思主义现实主义美学甚至可以讨论大量乃至全部美学问题，"无边的现实主义"即是典型个案。马克思主义现实主义为何会无边？是否真的无边？能否透过历史的迷雾、话语的纠缠，窥清其面目？本文尝试回到马克思主义现实主义美学的源头，回到不同话语产生的具体历史语境，将历史与逻辑相结合，梳理勾勒马克思主义现实主义美学的三种形态，或曰三副面孔。

一、建构社会主义文学"创作方法"的经典马克思主义现实主义

19世纪中叶，西欧的无产阶级运动处于变化中，社会主义文学艺术也处于发展初期。部分具有社会主义倾向的作家，对社会主义的理解带有抽象人道主义的性质，体现在他们的创作中就是把人物当作某种抽象观念的形象体现，抽象化、概念化的问题明显。针对此种问题，马克思和恩格斯提出了现实主义。因此，源头上的马克思主义现实主义美学主要集中于对作为新的社会主义文学创作方法的现实主义的探讨。其后，马克思主义美学家卢卡奇结合具体的现实主义创作实践，将之系统化、理论化，完善了经典的马克思主义现实主义美学。

（一）马克思、恩格斯的奠基

马克思和恩格斯对现实主义虽无系统论述，但针对当时具体的创作问题却提出了一些重要的概念，包括真实性、倾向性、典型；也提出了著名的几大命题，包括"现实主义的伟大胜利""典型环境中的典型人物""莎士比亚化和席勒式""福斯塔夫式背景"等。马克思和恩格斯的论述基本集中在作为新的社会主义文学的现实主义的"创作方法"层面，围绕"真实"展开。

马克思、恩格斯在与不同作家的一系列通信中确定了

现实主义的基本内涵：真实再现现实。"真实"是他们的现实主义美学关注的焦点，而"典型环境中的典型人物"这一命题则是对艺术真实性问题的凝练表达。现实主义的"现实"是典型的现实，典型的现实才真实。马克思、恩格斯的现实观和真实观也就集中体现在"典型"理论。恩格斯致拉萨尔的信初步涉及典型，他不仅反对"恶劣的个性化"，提倡"卓越的个性描写"，还提出了"莎士比亚化"，建议作家通过对特定环境中的现实人物的真实描写，揭示现实生活的某些本质方面。恩格斯在致考茨基的信中则明确了，"每个人都是典型，但同时又是一定的单个人，正如老黑格尔所说的，是一个'这个'，而且应当是如此"①。恩格斯致哈克奈斯的信中提到的"真实地再现典型环境中的典型人物"② 表明恩格斯的现实主义典型理论的进一步深化。可见，典型不是抽象的普遍性或个别性，而是历史普遍性的具体化。马克思、恩格斯认为现实主义的真实是社会历史的真实，是作家对历史规律、社会本质和发展方向的认识。而在哈克奈斯的《城市姑娘》中，工人阶级仍然以消极的形象出现，虽然作者对其充满同情的怜悯，但并没有意识到"真正的白昼"其实就是无产阶级革

---

① 《马克思恩格斯文集》第 10 卷，人民出版社 2009 年版，第 544 页。

② 《马克思恩格斯文集》第 10 卷，人民出版社 2009 年版，第 570 页。

命的新时代。"工人阶级对压迫他们周围环境所进行的叛逆的反抗，他们为恢复自己做人的地位所作的令人震撼的努力，不管是半自觉的或是自觉的，都属于历史，因而也应当在现实主义领域内占有一席之地。"[①] 这里提到的"现实主义"显然是一种新型的现实主义，它指明了新的社会主义文学的方向和任务。"这是恩格斯致哈克奈斯的信的灵魂和目的之所在，也是恩格斯与哈克奈斯在世界观和美学上的分歧之所在。"[②] 作家应该在现实革命发展和历史的前景中去反映工人阶级的革命运动。正因为这样的现实主义真实观，马克思、恩格斯才认为《济金根》的失败主要原因在于作家对当时德国社会阶级关系理解的不准确，导致了剧作对济金根悲剧呈现的不真实。拉萨尔把路德式的骑士反对派看得高于闵采尔式的平民反对派，充分描写运动中的"官方分子"，而忽视平民分子和农民分子及其代表。这就导致了该剧无法揭示出当时德国真实的阶级关系以及在这种阶级关系中济金根等人行动的历史必然性。

　　马克思、恩格斯的现实主义不是抽象的理论演绎，而是针对社会主义文艺的现实问题提出看法。不可否认，"真实再现现实"中包含了文艺服务于现实革命斗争实践的意

---

　　① 《马克思恩格斯文集》第 10 卷，人民出版社 2009 年版，第 570 页。

　　② 吴元迈：《恩格斯致哈克奈斯信与现实主义理论问题》，《中国社会科学》1982 年第 3 期。

图。但在"真实性与倾向性"的关系中，马克思、恩格斯肯定了真实性的第一位，强调作家倾向的"真实"表达。这里包含两个层面。首先是作家倾向的问题。恩格斯肯定了作家的进步倾向对文学创作的重要性，这一点从恩格斯对哈克奈斯"真正艺术家的勇气"的充分肯定中可以看出。"您的小说，除了它的现实主义的真实性以外，最使我注意的是它表现了真正艺术家的勇气。""真正艺术家的勇气"指哈克奈斯所具有的进步倾向性。这种进步倾向性使作家"敢于冒犯傲慢的体面人物"，揭露和描写现实的阶级矛盾和阶级对立。这种进步的倾向性也体现在作家讲述"无产阶级姑娘被资产阶级男人所勾引这样一个老而又老的故事"时所采用的"简单朴素、不加修饰的手法"①。在恩格斯看来，"简单朴素、不加修饰的手法"本身就具有倾向性。这一点在后来的理论演绎中被逐渐放大。其次是作家倾向的表达问题。在给《济金根》作者拉萨尔的信中，马克思、恩格斯提倡"莎士比亚化"而否定"席勒式"。马克思在评价济金根的形象塑造时指出，"你就得更加莎士比亚化，而我认为，你的最大缺点就是席勒式地把个人变成时代精神的单纯的传声筒"②。恩格斯在给拉萨尔的信中也多次提到莎士比亚，"同莎士比亚剧作的情节的生动性和丰富性的完

① 《马克思恩格斯文集》第10卷，人民出版社2009年版，第569页。
② 《马克思恩格斯文集》第10卷，人民出版社2009年版，第171页。

美的融合"，希望他"多注意莎士比亚在戏剧发展史上的意义"以及莎士比亚的福斯塔夫式背景的效果。对其剧作的主要不足，恩格斯提出了与马克思相似的意见："我认为，我们不应该为了观念的东西而忘掉现实主义的东西，为了席勒而忘掉莎士比亚"①。后来恩格斯在与《旧人与新人》作者敏·考茨基的通信中更是直接指出，"倾向应当从场面和情节中自然而然地流露出来，而无需特别把它指点出来；同时我认为，作者不必把他所描写的社会冲突的历史的未来的解决办法硬塞给读者"②。"现实主义的最伟大胜利"③这一著名的命题则是以巴尔扎克为例，说明了真正的现实主义作家忠实于现实生活，敢于违背自己的见解去表达新观念和社会发展的新趋势。现实主义创作方法对于作家世界观的胜利，即是真实性对倾向性的胜利。

马克思、恩格斯的现实主义美学致力于建构新的社会主义文学的创作方法。与包括批判现实主义在内的旧现实主义相比，马克思、恩格斯强化了其中的"真实"，并将"真实"的内核凝练为对历史规律、社会本质和进步趋势的洞见，认为"真实"无论是从思想层面还是艺术层面都是文学评判的重要甚至是决定性的标准，强调了文学的认识功能和对革命主体的询唤功能。而对于具体的表现手法，

---

① 《马克思恩格斯文集》第 10 卷，人民出版社 2009 年版，第 176 页。

② 《马克思恩格斯文集》第 10 卷，人民出版社 2009 年版，第 545 页。

③ 《马克思恩格斯文集》第 10 卷，人民出版社 2009 年版，第 571 页。

较之于当时流行的自然主义写法，他们认为简单朴素的写法是抵达真实的最好选择。

（二）卢卡奇的系统化、学理化

与马克思、恩格斯对现实主义的零散论述不同，卢卡奇推动了马克思主义现实主义美学的系统化、学理化。卢卡奇从人道主义批判意识出发，在对现代主义和社会主义现实主义的批判和反思中，系统地探讨了现实主义的"写法"层面，同时继续对"真实"这一现实主义核心概念深入阐发，建构起了总体论的现实主义美学。他晚年的《审美特性》更是进一步夯实了马克思主义现实主义的哲学基础，认为"审美反映是整体地、具体感性地揭示现实的普遍性规律与真理，同时意味着人的自我意识的整体性建构，能够解除人的存在之异化"①。卢卡奇是经典马克思主义现实主义美学的集大成者。

卢卡奇在论述其现实主义美学观点时，最直接的对照即是现代主义。不仅是在与布莱希特论争时，对于现代主义的批判几乎存在于卢卡奇所有现实主义美学相关论文中。他将现代主义分为两类：一类是以乔伊斯为代表的主观主义；另一类是以左拉为代表的客观主义。在卢卡奇看来，

---

① 傅其林：《东欧马克思主义美学的理论形态及其启示》，《文学评论》2018年第1期。

虽然两者存在一些差异，但根本缺陷在于它们都缺乏对物化的资本主义世界的整体认知，存在真实性缺失的问题。因为作家总体性眼光缺失，所以描写取代了叙述，成为现代主义主要的"写法"，在文本层面直接可见的问题就是细节肥大症和静物化。"叙述要分清主次，描写则抹煞差别。"① 在现代主义作品中，作家的描写如同浮世绘一般，把重要的和不重要的东西都一律深入地加以描写。这样一种表面化的对所谓"细节真实"的放大恰恰导致了马克思、恩格斯所强调的"本质真实"的缺失。卢卡奇还指出，现代主义的描写更严重的问题在于物对人的挤压，细节肥大症带来的最坏后果或其背后的原因就在于人的缺失。卢卡奇认为托尔斯泰和左拉所写的两场赛马之所以效果迥异，其原因就在于赛马与人命运的关联程度不同。人的命运由事件表现。客观描写的完整性并不能使某种事物在艺术的意义上成为必然，能够产生效果的是种种事件与被塑造的人物命运的关系。比如，渥伦斯基的野心因参加赛马一事而突显，他与安娜的关系也因赛马而被大家发现。虽然参观赛马或者参加赛马在客观上只是生活的插曲而已，但托尔斯泰却把插曲同重大的人生戏剧紧密地联系起来。艺术的诗意也产生于此。在卢卡奇看来，艺术品的诗意来自与

---

① ［匈牙利］卢卡契：《叙述与描写》，《卢卡契文学论文集》（一），中国社会科学出版社 1980 年版，第 56 页。

人的命运的关联。如《叙述与描写》题记所强调的，"彻底就是从根本上掌握事物，而人的根本就是人的本身"①。卢卡奇现实主义理论的基点是人，他以"人的整体"为标准去评价文学和文艺。所以，卢卡奇认为作家要克服描写的弊端，就必须认识和理解进而批判资本主义的物化现实，努力恢复人的整体性和人所存在世界的整体性。

面对社会主义现实主义，他也从"真实"切入，批判了文学中的虚假远景。卢卡奇对现实主义的关注始于20世纪30年代，当时正是苏联"社会主义现实主义"酝酿成型并成为社会主义文艺主导形式的历史时期。"批判现实主义和社会主义现实主义之间的巨大差别恰恰在于远景问题上。"② 在《关于文学中的远景问题》（1956）中，卢卡奇开宗明义，表明了远景问题对于社会主义现实主义的重要性。也正因为其重要，社会主义现实主义的远景问题成为卢卡奇关注的焦点。社会主义现实主义文学在远景呈现上的重要问题之一就是社会主义新人的抽象化、平庸化。卢卡奇认为，当时大多数苏联文学都可以归入左拉式文献小说意义上的客观材料。在小说中看不到人的命运，小说只是关于一个集体农庄、一个工厂的专论，人物只是图解客

---

① ［匈牙利］卢卡契：《叙述与描写》，《卢卡契文学论文集》（一），中国社会科学出版社1980年版，第38页。

② ［匈牙利］卢卡契：《关于文学中的远景问题》，《卢卡契文学论文集》（一），中国社会科学出版社1980年版，第455页。

观事物的材料。不仅人物缺失，真正的情节也不复存在，结局往往是按照社会观点抽象地加以确定。所谓情节只是主题的图解，和主题相关的一切事物的描写代替了故事情节。在社会主义现实主义的远景问题上，卢卡奇认为当时的文学是以对未来的想象代替了远景，而他所认同的远景书写应该写出人们通过实践，经由错综复杂的道路使现实实现"真实"倾向的过程。他以《战争与和平》为例说明了何谓真正的远景以及如何书写远景。在《战争与和平》的尾声，托尔斯泰写出了各个主要人物此后的命运，这个结尾不仅与之前的文本密切相连，更发展了一个遥远的未来。对于社会主义现实主义中的自然主义、浪漫主义的倾向，卢卡奇认为应该引入批判现实主义的立场和方法。这种批判的精神和能力正是党的诗人应该具备的，党的诗人"从来不做将领和列兵，而永远做个游击队员"①。

可以看到，无论是面对现代主义还是社会主义现实主义，卢卡奇都强调现实主义的"真实"对于具体文艺现实的纠偏作用。卢卡奇现实主义美学的"真实性"在一定程度上就是他所说的"总体性"，人的整体性和人所存在的世界的整体性。他的"真实性"侧重于人的丰富性，一种包括但不限于阶级性的人的丰富性。卢卡奇的"真实"既继

---

① ［匈牙利］卢卡契：《论党的诗歌》，《卢卡契文学论文集》（一），中国社会科学出版社1980年版，第270—271页。

承了马克思、恩格斯所重视的社会趋势和历史本质，又强调了"人的整体"。卢卡奇的现实主义美学以完整人性的复归为指向，推崇恢复和再创造和谐的人类生活整体。

经典的马克思主义现实主义美学源于马克思和恩格斯，成熟于卢卡奇。其致力于建构新的社会主义文学创作方法，理论生产与具体作家作品批评密切相关，着眼于对作为创作方法的现实主义的具体美学问题的探索和总结，总之，在马克思主义现实主义美学经典形态中，建立起了"真实"与"现实主义"的逻辑联系。值得注意的是，"真实"指向"社会本质"，其中包含的对人认识世界、把握历史前进方向"新现实"的自信又具有了浪漫主义的基因。同时，"真实再现""如实描摹"中也包含"认识现实""批判现实""动员革命"等服务于现实革命斗争实践的意图，以及"人的整体解放"等指向新世界的革命理想。这些复杂方面在马克思主义现实主义美学的后期发展，特别是社会主义现实主义中得到了突显，"社会主义国家走着一条与西方以福楼拜的客观主义与左拉的科学实验观不同的现实主义路线，即对浪漫主义的兼容"①。

二、社会主义国家体制化的社会主义现实主义

现实主义成为包含巨大能量的超级能指是在苏联提出

---

① 高旭东：《恩格斯对现实主义文学规范的建构及其影响》，《北京大学学报（哲学社会科学版）》2023 年第 2 期。

"社会主义现实主义"之后。马克思和恩格斯所构想的"社会主义文学""新型的现实主义"以社会主义现实主义的方式实现。20 世纪 30 年代，苏联的艺术逐渐被纳入政党/国家的"一体化"管理模式中，其后理论界又确立了"无产阶级—唯物主义—反映论—现实主义"的逻辑链条。社会主义现实主义成了不同社会制度阵营在文艺上的区分尺度，作为作家阶级立场和世界观的直接体现。于是，社会主义现实主义就不再仅仅是一种创作方法，或者说，重要的不是创作方法，而是成为社会主义国家的文化体制。

（一）社会主义现实主义的体制化

以苏联为中心的社会主义阵营，建立社会主义新文艺的主张凝聚于社会主义现实主义。正统马克思主义者，包括理论家和艺术工作者在"社会主义现实主义"的名义下进行了社会主义文艺的积极探索，理论和创作层面均有所建树。

苏联理论家们奠定了社会主义现实主义的反映论哲学基础。他们将马克思关于物质与意识、经济基础与上层建筑的论述确立为马克思主义艺术反映论的直接起点。马克思、恩格斯的观点"无可辩驳地证明艺术创作（其他一切社会意识形态皆是如此）的物质制约性和阶级性，这是马克思和恩格斯对社会科学所建立的一大丰功伟绩"①。其后的马克思主义理论家即以物质制约性和阶级性为起点，展开对艺术反映论的论述，强调文艺作为社会意识形态的一个门类受到社会生活的制约，认为应该从文学与整个社会生活的联系中来理解和解释文学的性质和特点，而不能孤立地从文学本身去寻找，应该重视文艺的阶级性。如弗里德连杰尔所言，"他们（按：指普列汉诺夫、梅林、卢森堡等）在反对唯心主义反动思想和捍卫马克思主义文艺学时，都把主要注意力贯注于历史唯物主义问题上，贯注于它的基本原理在文学和美学的问题的运用上"②。"反映论"这一术语由列宁最终确立。列宁关于反映论的著作主要是1908年完成的《唯物主义与经验批判主义》以及1929—1930年汇集出版的《哲学笔记》等。在《唯物主义与经验批判主义》中，列宁阐释了"三个重要的认识论的结论"和"三个重要的认识论立场"。列宁的艺术反映论主要包括：生活与实践的观点是艺术反映的首要观点；作为反映主体的艺术家具有能动作用；主体反映客体是充满矛盾的双向运动；艺术具有改造世界的巨大力量。列宁的艺术反映论"是以意识把握现实的认识论哲学立场为基础的；向

---

① ［苏联］弗里德连杰尔：《列宁对马克思恩格斯美学遗产的发展》，《列宁文艺思想论集》，中国社会科学出版社1986年版，第20页。

② ［苏联］弗里德连杰尔：《列宁对马克思恩格斯美学遗产的发展》，《列宁文艺思想论集》，中国社会科学出版社1986年版，第20页。

上连接了马克思的'文学作为意识形态之一是对现实生活的反映'的这个唯物主义文学思想命题，向下连接了文学党性原则这个列宁主义的命题"①。其后，列宁艺术反映论的系统化研究在苏联展开，代表成果有：卢纳察尔斯基的《列宁与文艺学》（1934），里夫希茨的《列宁与文学问题》（1934）、《列宁主义与艺术批评》（1936），罗森塔尔的《马克思主义式的批评与社会分析》（1936）、《反对文学理论中的庸俗社会学》（1936）等。② 总之，苏联文艺反映论确立了"无产阶级—唯物主义—反映论—现实主义"的逻辑链条，奠定了社会主义现实主义的哲学基础。

结合俄国文学的民族传统与苏联无产阶级艺术创作实践，苏联文艺界集体完成了社会主义现实主义的美学建构。高尔基在1932年首次提出"社会主义现实主义"的名称。在1934年第一次全苏作家代表大会上，《苏联作家协会章程》正式规定了社会主义现实主义的内涵："社会主义现实主义，作为苏联文学与文学批评的基本方法，要求艺术家从现实的革命发展中真实地、历史地、具体地描写现实。同时，艺术描写的真实性和历史具体性必须与用社会主义精神从思想上改造和教育劳动人民的任务结合起来。社会

---

① 邱运华等：《19—20世纪之交俄国马克思主义文学思想史论》，北京大学出版社2006年版，第114页。

② 叶水夫：《苏联文学史》，中国社会科学出版社1994年版，第275页。

主义现实主义保障艺术创作有绝对的可能性去表现创造的主动性：选择各种各样的形式、风格和体裁。"值得注意的是，"从 1932 年 5 月至 1934 年 8 月第一次全苏作家代表大会开幕的两年多时间里，关于社会主义现实主义问题，各报刊共发表了近四百多篇文章"①。讨论的主要问题包括"写真实""现实主义与浪漫主义的关系""社会主义现实主义与批判原则的关系""社会主义现实主义的统一风格和广泛多样性的问题"等。讨论的成果都在大会关于社会主义现实主义的表述里有体现。可见，这一概念的提出是集体探索和集体创造的结果。由于苏联在社会主义阵营中的核心地位，苏联提出的社会主义现实主义也成为当时其他社会主义国家主要甚至唯一的文化选择。其后，伴随着社会主义国家内部政治文化一体化的推进，体制化的社会主义现实主义成为作家唯一的创作方法。

有关社会主义现实主义的论述主要集中在社会主义国家领导人或文化官员的文章中，突显的是其社会主义性质以及其对社会主义文化建设的重大意义。施陶尔 1948 年在捷克斯洛伐克"民族文化代表大会"上作的《直面现实》报告中，主要从社会功能的角度阐释了社会主义现实主义。他认为，艺术与政治的目的和功能是同一的。"艺术将保持

---

① 叶水夫：《苏联文学史》，中国社会科学出版社 1994 年版，第 280 页。

革命的力量，激动人心，破除偏见，唤醒斗争，为争取更深入彻底的自由而斗争。"[1] 在社会主义国家，"诗人和政治家共有一条道路"[2]，共同建设新社会。列宁与高尔基，斯大林与罗曼·罗兰之间的关系就是这种新的历史现象的典型代表。中国文艺界领导人从 1952 年起就开始着手将"社会主义现实主义"确立为中国当代文学最高的、唯一的创作原则。1953 年 1 月周扬为苏联《旗帜》杂志写的论文《社会主义现实主义——中国文学前进的道路》在《人民日报》转载。在文中周扬以权威的身份高举起社会主义现实主义这面大旗并阐释了社会主义现实主义的内涵和基本精神。他还指出，社会主义现实主义是全世界一切进步作家的旗帜，中国人民的文学也是世界社会主义现实主义文学的组成部分。同年 9 月，第二次全国文代会正式确认了将社会主义现实主义作为中国文艺界创作和批评的最高准则。

同时，体制化的社会主义现实主义的"现实""真实"的内涵位移至现实指向的"未来"，"新人""远景""光明"成为社会主义现实主义美学的内核。因为重点写新人和远景，所以社会主义现实主义也强调艺术塑造社会主义新文

---

① Ladislav Štoll, *Face to Face with Reality*, trans. Stephen Jolly, Prague：Orbis，1949，p. 54.

② Ladislav Štoll, *Face to Face with Reality*, trans. Stephen Jolly, Prague：Orbis，1949，p. 55.

化和引导教育人民的功用。施陶尔就认为社会主义现实主义的秘密在于，"对过去是批判的，对今天是现实主义的，对未来则是浪漫主义的"①。"直面现实"不仅仅是面向过去和现在，更是面向未来，以浪漫主义的姿态面向未来。社会主义现实主义应该以其高扬的理想性影响劳动者，促使他们改造现实、创造幸福生活。周扬也指出，"对于现实主义，我们应当有一种比以前更广更深的看法。它不是作为一种样式，一种风格，而是作为一种对现实的态度，一种倾向。一个作家，只要他的目光没有闪避现实，对于人生不是抱着消极的悲观的思想，那么，……他们的作品都可以总汇在现实主义的主流里面。因为这些虽不是严格的现实主义，但是在和历史的前进运动而一致这一点上是现实的"②。在后来著名的"保卫社会主义现实主义"的论争中，保卫派也是从"远景"的合理性层面来表达观点的。捷克斯洛伐克学者多斯达尔指出，"这是因为社会主义现实主义把自己的命运和工人阶级为更人道的共产主义社会而进行的斗争联结起来了"③，并认为高尔基、马雅可夫斯基、肖洛霍夫、沃尔克尔、诺依曼、哈谢克、尼克索、贝

---

① Ladislav Štoll, *Face to Face with Reality*, trans. Stephen Jolly, Prague：Orbis, 1949, p. 44.

② 周扬：《现实主义和民主主义》，《周扬文集》（第 1 卷），人民文学出版社 1984 年版，第 226－227 页。

③ ［捷克斯洛伐克］多斯达尔：《保卫社会主义现实主义》，《保卫社会主义现实主义》（第二辑），作家出版社 1958 年版，第 496 页。

希尔、巴比塞、亚马多等作家的成功就在于他们塑造了无产阶级的新人形象。德国的阿布施认为，作家应该通过对远景的描绘激励人民去改变现实，实现远景。"在艺术家独立的创造性劳动中，真理是认识与意志的统一。"① 科赫更是直接将"真理"与"党性"联系起来，"在描写一定事物和现象时尽可能表明作品所描写的一切内容成分的这种内在逻辑，这种一贯性……现实主义方法必然要求一定的历史觉悟水平，或者就叫做党性"②。多斯达尔、阿布施、科赫论述对社会主义现实主义的辩护集中在社会主义文艺的独特性，即"建筑在对'希望这一真谛'的新的理解的基础上的独特性"③ 上，注重文学塑造无产阶级主体、服务无产阶级革命的现实功能。

但当马雅可夫斯基的作品也被命名为"现实主义"时，经典意义上的作为创作方法的"现实主义"就发生了扩容、泛化乃至空洞化。这也再次表明了社会主义现实主义的重心不在"现实主义"，而在"社会主义"。社会主义现实主义在社会主义国家被体制化之后，创作方法的一面被弱化，而政治功能的一面被强化。

---

① ［德］阿布施：《作家与政治》，《保卫社会主义现实主义》（第二辑），作家出版社 1958 年版，第 97 页。

② ［德］汉斯·科赫：《马克思主义和美学》，佟景韩译，漓江出版社 1985 年版，第 595 页。

③ ［德］考莱拉：《事实驳倒了神话》，《保卫社会主义现实主义》（第二辑），作家出版社 1958 年版，第 417 页。

（二）对体制化的社会主义现实主义的反思

政治问题见之于文艺，社会主义现实主义的体制化带来了僵化的弊端。部分艺术家仍以隐晦方式延续现实主义批判传统：亚历山大·索尔仁尼琴在《伊凡·杰尼索维奇的一天》中，通过聚焦苏联劳改营日常细节的"零度写作"，揭露斯大林主义的暴力本质；安德烈·塔可夫斯基的电影《潜行者》则以科幻寓言影射苏联社会的精神荒原。不同意见者也从哲学、美学层面表达了不同看法，以"社会主义现实主义"之名进行了激烈的政治论争。

首先是对文艺反映论的反思。列宁将反映论引入文艺研究，针对的是 20 世纪 20 年代的庸俗社会学，但艺术反映论却在其后的发展中又回到了庸俗社会学，最后发展成给苏联文化界带来灾难甚至"祸及其他社会主义国家的文化文艺事业"① 的日丹诺夫主义。针对庸俗社会学化的"艺术反映论"，波兰的科拉科夫斯基在《马克思主义的主要流派》中分析了列宁的反映论模式的问题。他指出列宁基于认识论的反映论试图用自然科学的方法解决人类认识的普遍问题，认为任何科学的思想体系都和客观真理、绝对自然相符合，"恩格斯的论点被庸俗化，并转变为呆板的

---

① 复旦大学中文系文艺理论教研室：《马克思主义文艺理论发展史》，中国文联出版公司 1995 年版，第 369 页。

问题形式：感觉即是物的'复写'或'映像'；哲学流派变成为'党派'"①。南斯拉夫实践派成员弗兰尼茨基认为列宁简化了马克思的思想，斯大林时期又把列宁的反映论进一步制度化、绝对化，"他们把一般唯物主义的认识论原理宣布为马克思主义所特有的，其次又把实践的这一范畴片面地理解为仅仅是认识论的范畴，同时又在认识论内把它片面地理解为只是真理的标准"②。东欧新马克思主义者认为文艺反映论以"科学真理""普遍性"等标准去规范文艺反映的客观性，以自然科学的客观真理去要求文学艺术，忽视了文艺活动中人的创造性和主体性特征，文艺反映话语实际上成为一种政治话语。他们对列宁反映论模式及其制度化的批判，"不仅涉及到反映论尚未解决的认识论问题，而且关涉到政治制度化所带来的思想文化枯竭现象的揭露"③。新马克思主义者在 20 世纪五六十年代，从青年马克思那里汲取"实践""人道主义"等理论资源，反思当时的马克思主义美学，可视为社会主义文艺内部的自我调整。

对体制化社会主义现实主义的反思在 20 世纪 50 年代

①　［波兰］莱泽克·科拉科夫斯基：《马克思主义的主要流派》（第二卷），唐少杰等译，黑龙江大学出版社 2015 年版，第 435 页。

②　［南斯拉夫］普雷德拉格·弗兰尼茨基：《马克思主义史》（第二卷），胡文建等译，黑龙江大学出版社 2015 年版，第 22～23 页。

③　傅其林：《论东欧新马克思主义对反映论美学模式的批判》，《马克思主义美学研究》2013 年第 1 期。

末社会主义阵营中展开的有关社会主义现实主义论争中得到了集中体现。1956 年苏共二十大之后，苏共开始推行"非斯大林化"运动。文艺领域也开始反思斯大林时期重要的文艺创作铁律"社会主义现实主义"，反思最为集中的领域是艺术的神话化及其严重后果。西蒙诺夫直接指出，个人崇拜在文学中最明显的表现就是直接地、过分地、无批判地歌颂斯大林，但更为主要的问题是，"个人崇拜的后果或多或少地表现在对国家和人民生活的描写上：粉饰生活，把愿望说成现实，对困难一字不提"[①]。也就是杨·科特所说的"神话化"，"描写生活的粗暴虚假，智慧与勇敢绝迹，怯懦与诌媚的出现，神话代替了马克思主义"[②]，艺术蜕化成了歌功颂德、插科打诨、粉饰太平的工具。秦兆阳也指出，如果"社会主义精神"变成了抽象主观的东西，那么"就很可能使得文学作品脱离客观真实，甚至成为某种政治概念的传声筒"[③]。作家成为神话写作的工具。西蒙诺夫在《谈谈文学》中激愤地提到了法捷耶夫花四年时间改写《青年近卫军》的例子，修改的原因只是有的批评家认为小说没有表明党组织在地下工作中的领导活动。作家工具化之

---

① ［苏联］西蒙诺夫：《谈谈文学》，《保卫社会主义现实主义》（第一辑），作家出版社 1958 年版，第 428 页。

② ［波兰］杨·科特：《神话和真理》，《保卫社会主义现实主义》（第二辑），作家出版社 1958 年版，第 329 页。

③ 秦兆阳：《现实主义——广阔的道路》，《人民文学》1956 年第 9 期。

后不可避免的情况就是文学的衰落。进一步说，当真实变得虚假，文学的教育功能实际上也不可能达到，"当一个文学家失去了解释生活的可能性，他的作品就不会有任何力量来影响生活，就不可能对生活作任何改变"①。其次，对"社会主义现实主义"本身的反思。针对当时创作将其僵化为一套模式化写法的现状，西蒙诺夫回到社会主义现实主义提出之初的语境，认为高尔基等大作家把社会主义现实主义理解为现实主义和革命浪漫主义的结合，它不是某些苏联作家固定的艺术手法、结构方法和文体风格的抽象化，不是标准化的美学。纳查洛夫和格里特涅娃在《戏剧创作和戏剧演出的落后问题》中回顾，1917 年到 1933 年，苏联戏剧"'在确立社会主义现实主义方法的道路上取得了巨大的创作胜利'，创造了'研究新的主题的戏剧，……即革新的、试验性的、探索性的戏剧……'"②西蒙诺夫也认为"原则"比"方法"更准确。这个原则就是，"社会主义的思想性和贯穿在作品的艺术经纬中的一种倾向，即对社会主义的信仰和对社会主义必胜的信心"③。而战后文学中的

---

① ［苏联］西蒙诺夫：《谈谈文学》，《保卫社会主义现实主义》（第一辑），作家出版社 1958 年版，第 429 页。

② ［苏联］纳查洛夫、格里特涅娃：《戏剧创作和戏剧演出的落后问题》，《保卫社会主义现实主义》（第一辑），作家出版社 1958 年版，第 405 页。

③ ［苏联］西蒙诺夫：《谈谈文学》，《保卫社会主义现实主义》（第一辑），作家出版社 1958 年版，第 452 页。

许多作品恰恰是回避和违背了社会主义现实主义原则。反思最后集中到了对创作自由的要求上。讨论中很多理论家和作家都提到了这一点。维德马尔《日记片断》的落脚点就是作家个性："作家应该是艺术家；作为艺术家，他得按照自己的禀赋或才能，用这一种或者那一种方法来反映和表现自己的时代。"[1] 1936年全苏艺术工作委员会领导全部艺术，可以说是苏联社会主义现实主义僵化的直接原因。对此，纳查洛夫和格里特涅娃引用列宁的话直陈其意："我们的唯一的口号应当是：少去'领导'而多做实际的工作……"[2]

对现实与远景、真实性与倾向性、批判与讴歌、思想与技艺等问题的讨论，既是对现实主义的思考，更是提出了社会主义文艺发展过程中的问题。围绕"社会主义现实主义"展开的论争代表了马克思主义现实主义美学的"政治"层面——社会主义文艺的探索和实践。无论是理论还是实践，社会主义现实主义的"初心"都不是一套僵化的写法，更不是一种远离生活真相的公式的描绘。在社会主义现实主义论争中，讨论者在"现实主义"具体写法层面

① ［南斯拉夫］维德马尔：《日记片断》，《保卫社会主义现实主义》（第二辑），作家出版社1958年版，第82页。

② ［苏联］纳查洛夫、格里特涅娃：《戏剧创作和戏剧演出的落后问题》，《保卫社会主义现实主义》（第一辑），作家出版社1958年版，第423页。

有分歧，但在"社会主义"层面，即政治立场上是一致的。这表明了马克思主义美学家对社会主义理想的坚持。对于社会主义现实主义，莫拉夫斯基的评价或是准确的，它"不是魔鬼的发明"，"是对过去最好的艺术和理论继承的一部分，尽管历史情况迫使它经历了各种扭曲。它以新的社会、政治和文化观念为基础，开创了一种新的艺术"。①

三、聚焦"求真"美学精神的后革命时代现实主义

东欧剧变、苏联解体之后，有着特定政治内涵的社会主义现实主义退出历史舞台，但现实主义文艺还在继续，并发展出新的形态——现代现实主义。现代现实主义在"当代社会现实的客观再现"的基本点上，"基本遵循了经典现实主义的创作方法"②。但现代现实主义作家在表现手法和艺术技巧上已不同于经典现实主义。传统艺术形式创新迭出，尼尔·斯蒂芬森的科幻小说《雪崩》用元宇宙隐喻金融衍生品的虚拟剥削，肯·洛奇电影《我是布莱克》用极简叙事直击福利国家的结构性冷漠，打破中产阶级对贫穷的浪漫化想象，揭露资本意识形态如何通过"现实感"制造幻象。还有参与式艺术的情境建构，杰里米·戴勒在《奥格里夫之战》中，邀请了 1984 年英国矿工罢工的亲历

---

① Stefan Morawski，*Inquiries into the Fundamentals of Aesthetics*，Cambridge：The MIT Press，1978，p.254.

② 赵炎秋：《经典现实主义及其反思》，《学术研究》2021 年第 6 期。

者共同表演历史冲突，以身体经验的重演去挑战官方的历史叙事。更有对数字媒介的批判性挪用，如特雷弗·帕格伦一直挖掘技术背后内置的政治与权力的问题，《始于一个军事实验》就深刻地揭露了人脸识别背后的军事技术。面对新的社会现实和文艺现实，理论家关注的重点也不再是现实主义的"表现手法"，而是聚焦于现实主义"真实"的美学内核。20世纪60年代以来，马克思主义美学家将现实主义与丰富的学术资源结合，突出反映论的重围，更新对"真实"和"现实"的理解，重申人的创造性和自由解放，重新激活"现实主义""求真"的美学精神中携带的革命能量。

（一）超越"反映"：实在界与情动

"现实""真实"作为现实主义的核心范畴，对其不同的理解决定了对"现实主义"的不同理解。后现代哲学的现实观和真实观，启发了马克思主义现实主义美学研究。

传统现实主义认为现实是客观存在的，文学如实地反映现实世界就能够把握真实，获得对社会的规律和历史本质的认知。齐泽克认为这种对世界和文学的观念是属于19世纪的知识型观念。根据拉康的"三界"理论，现实只是想象界、符号界与实在界在主体身上综合建构所产生的真实效果。表面的幻象和所谓的现实遮蔽了"实在界"的真实。实在界"像薄膜，可以随意变形；它不可摧毁，顽强不朽；人们只有通过'歪像'斜目而视才能看到它的真面目；它是象征界符号歪曲的结果；它是创伤性的，让人不敢直视。我们日常所见、身处其中的，不过是幻象和符号界的现实，实在界一直在场却难以窥视，绝对的真实不可捕捉"①。齐泽克指出，文学世界与真理世界可以被理解为符号界与实在界的关系，就像符号不能把握实在界，文学世界也无法企及真理世界。传统的现实主义再现的"不是一种本真的真实，而是一种类似真实的现实感"②。现实主义只是一种"天真的信仰，它相信在再现的门帘之后，肯定存在某种充分的实体性现实"③。齐泽克以库尔贝的《世界的起源》表明了传统现实主义走向现代主义的必然，"库尔贝的姿态就是一个僵局，传统现实主义绘画的死胡同——但正是如此，它又是传统艺术与现代主义艺术之间的一个必然的'中介'——也就是说，如果我们要为现代主义'抽象'艺术的出现扫清道路的话，它则象征了一个不得不被完成的姿态"④。伊格尔顿对现实的理解与齐泽克

---

① 宋艳芳：《齐泽克与伊格尔顿笔下的"实在界"、现实与现实主义考辨》，《外国文学动态研究》2020 年第 6 期。

② 韩振江：《齐泽克论现实主义与现代主义》，《马克思主义美学研究》2015 年第 1 期。

③ ［斯洛文尼亚］齐泽克：《实在界的面庞》，季广茂译，中央编译出版社 2004 年版，第 45 页。

④ ［斯洛文尼亚］齐泽克：《易碎的绝对》，蒋桂琴、胡大平译，江苏人民出版社 2004 年版，第 34 页。

相似，他也认为所谓的"现实"不过是"幻象的一个低级档位"，是实在界之前的保护性屏障。

虽然真正的"实在界"无法触及，但齐泽克和伊格尔顿仍试图去探求更高的真实。齐泽克在对通俗文化作品的分析中，一方面揭示了"真正的真实"的不可捕获，另一方面也表明了通过分析幻象与现实的屏障作用去逼近真理的可能性与必要性。实在界是比所谓的"现实"更加隐蔽和真实的高阶现实。传统现实主义文学聚焦于外部现实，而看似非现实主义的作品却积极地去追求和探索"实在界"的真实。如齐泽克用雷德利·斯科特的科幻惊悚电影《异形》中的怪物来说明薄膜的不可摧毁性和不朽性，并揭示了这类电影的现实意蕴：人类内心深处对于异种生物和异己力量的恐惧。伊格尔顿在《实在界的虚构故事》中借助拉康的理论，以《米夏埃尔·科尔哈斯》《呼啸山庄》《白鲸》三部小说为例，表明了"非现实主义"小说看似极具荒诞离奇、浪漫幻想色彩，实际上却表现了更深层的现实，可视为"实在界的寓言"①。伊格尔顿在对《呼啸山庄》的分析中指出，小说揭示了历史发展进程的一个事实：历史的内核中有着某种拒绝符号化的"真实"。这种"真实"尽管在象征秩序中被擦除，但它依旧如小说中希斯克利夫的

---

① Terry Eagleton, "Fictions of the Real: 'All truth with malice in it'", in Matthew Beaumont ed., *A Concise Companion to Realism*, Oxford: Blackwell Publishing, 2010, p.80.

影子一样存在并推动历史发展。此处所谓的"真实"是爱尔兰大饥荒的历史以及文学对此事的沉默。伊格尔顿从《呼啸山庄》中窥见了令后来者不忍直视的实在界的原始创伤，即更高的真实。所以，在伊格尔顿看来，艾米莉的小说不是一般意义上的现实主义作品，而是在发掘实在界，是一种更深层次的现实主义。对于现实主义如何建立与"实在界/真实"的联系，周志强提出以"寓言现实主义"重建现实主义。"借助传统的现实主义又破坏这种现实主义，从传统的现实主义的书写和描绘中来发现无法完成自身意义的叙述的东西——也就是被现实主义编码方式无法编码的东西——那些'实在界/真实'的碎片，从而令其变成实在界的寓言"①，从而恢复其对"真实"的呈现。所以，实在界既解构真实又重构真实，既解构现实主义又重构了现实主义。

在现象学和经验主义思潮交汇的学术背景下，詹姆逊用"感受"（affect，又译"情动"）重释现实主义的描写，依凭这一概念的肉身性和无意识性，回应了 20 世纪 60 年代以来结构主义符号学对现实主义的"真实效应"批判。"感受"是无意识的肉身感觉，有别于"意识到的状态"的

---

① 周志强：《现实·事件·寓言——重新发现"现实主义"》，《南国学术》2020 年第 1 期。

感情①。詹姆逊借助感受理论，以其肉身性和无意识性重释现实主义的细节描写。在完成于 20 世纪 80 年代的《现实主义的房屋平面图》一文中，詹姆逊就对"感受"展开了精彩的分析。他不仅分析了福楼拜《淳朴的心》中欧班夫人房屋平面区域的划分和立体层面的区隔，认为房屋布局呈现了 19 世纪资产阶级对世界的新布局，而且还注意到了福楼拜对欧班夫人起居室里淡淡霉味的描写，"一阵突如其来迸发的'感受'宣告了福楼拜文本中主体的间歇性显现：'霉味'用张扬而苍凉的笔调在一个从此异化的宇宙中刻画了主体性的位置"②。气味引发的感觉在小说中占据了主导地位，也成为小说主人公费丽西泰命运的预兆象征。感受的主题性、象征性以及对主体性的生产得以显现。在 2013 年的《二律背反》中，詹姆逊进一步剖析了感受与现实主义的关系。在《二律背反》的开篇两章，詹姆逊就将叙事与感受并列为现实主义的源头。"为了识别感受同时又不对其进行命名，或者界定其内容，我们需要一种别样的语言"③，他揭示了感受和语言之间的微妙辩证关系：一方面感受抵制着语言的命名，同时语言又承担着对感受的有

———

　　① 〔美〕弗雷德里克·詹姆逊：《现实主义的二律背反》，王逢振、高海青、王丽亚译，中国人民大学出版社 2020 年版，第 33 页。

　　② Fredric Jameson, "The Realist Floor-Plan", in Marshall Blonsky ed., *On Signs*, Oxford：Basil Blackwell, 1985, p. 380.

　　③ 〔美〕弗雷德里克·詹姆逊：《现实主义的二律背反》，王逢振、高海青、王丽亚译，中国人民大学出版社 2020 年版，第 38 页。

限再现。已被命名的情感过于普通，而感受却又难以把握，这就对作家提出了对语言整体创新的要求。詹姆逊认为福楼拜和左拉以其天才的描写把握了感受。他细致地分析了左拉对各种肉体感官知觉的细节描写。在《饕餮的巴黎》中，冗赘的感官细节制衡情节，但"正是这种视觉世界孕育了感受：当某种被命名了的感情逐渐丧失其力量时，用于描述这种感情的词语反而为展现话语提供了新的空间，使得某些未被展现的、未被命名的感受进入词语空间，继而开辟自己的话语空间"①。感受推动现实主义到达了语言表现力的高峰。詹姆逊通过悬置"描写"的真实效应，将对现实主义小说的细节描写引向了一个新的维度——感受，而不是卢卡奇等理论家所关注的描写的深刻性或总体性的问题。"詹姆逊将传统的叙事与描写这组叙写模式关系升级改造为叙事与情动，借助情动维度'对语言和所有表达性理念的抗拒'，有力回应了以符号学为理据的'真实效应'，又为饱受批评的现实主义细节描写传统找到了新的认知依据。"② 理性的叙事和无意识的身体感受在现实主义中双生并存，詹姆逊这一新的理论探索体现了一直主张"辩证的批评"的马克思主义者对于现实主义的深刻坚守。

---

① ［美］弗雷德里克·詹姆逊：《现实主义的二律背反》，王逢振、高海青、王丽亚译，中国人民大学出版社 2020 年版，第 57 页。
② 徐蕾：《情动的维度与现实主义的辩证法：评詹姆逊的〈现实主义的二律背反〉》，《外国文学研究动态》2020 年第 6 期。

（二）反身而诚：心诚与内真实

西方马克思主义者引入后现代哲学超越反映论，重释现实主义的现实与真实，中国理论家们则反身而诚，以"我"观"物"，突破"真实"的"客观反映现实"的狭义认识论内涵，进行了源于中国美学传统的马克思主义现实主义美学重构。

一般说来，现实主义主要包含三重美学内涵：一是冷静介入人生、客观观照世相的审美体验方式；二是制造似真感的审美效应；三是一整套相应的创作方法系统。现实主义最核心的美学特征在于"把真等同于美，把真作为最高的审美价值和审美理想"①。这样，现实主义就不再仅仅是一种"反映现实"的创作方法，而是一种美学理想——对真实性的执着追求。以真为美，把真实性作为最高的审美原则。这个"真"不只是甚至主要不是认识论上的"反映之真"，而是艺术之真，是审美的真实性。审美真实在中国艺术传统中主要是情感之真。在《中西艺术真实观之比较》中，朱立元指出，中国艺术本体论以"言志"说为发端，"情志说""写意说""传神说"等均沿"言志"方向衍化。在此基础上形成的"真实"观不同于西方，中国文艺

---

① 朱立元：《关于现实主义的美学反思》，《学术月刊》1989 年第 10 期。

较少做作品与客体的比较，而更强调"言志""抒情"的真与诚，艺术真实侧重于艺术家的情感领域，而是否反映了外在世界并不是重要的衡量标准。法天贵真，天人合一，中国艺术世界是作者情真之世界。修辞立其诚，情真体现在创作中就是"诚"，主观真诚，讲真话，表真情。从这个意义上讲，现实主义的"真实"主要就是情真心诚，秉笔直书。"诚"之于现实主义的重要性，在恩格斯所说的"现实主义的伟大胜利"中即可窥见。巴尔托克之所以能摆脱自身思想观念的局限，一个重要的原因就在于他坚持了艺术家的真诚，直面现实。维德马尔在分析列宁对托尔斯泰的评价时也指出："托尔斯泰批判之所以有着这样不同凡响的感觉力量、这样的热情、说服性、新鲜、诚恳和力图追根求底的大无畏精神；是由于这个批判真正表现了千百万农民的观点之转变。"[①] 托尔斯泰的伟大和他的艺术家的诚恳密切相关。在中国化马克思主义现实主义美学中，鲁迅、巴金也在"反映之真"以外，着重强调了"心诚"对于文学的重要价值。鲁迅认为摆脱"瞒和骗"的旧文艺，开辟崭新的文场，离不开作家写出"血和肉"的真诚："中国人向来因为不敢正视人生，只好瞒和骗，由此也生出瞒和骗的文艺来，由这文艺，更令中国人更深地陷入瞒和骗的大

---

① ［南斯拉夫］维德马尔：《日记片断》，《保卫社会主义现实主义》（第二辑），作家出版社 1958 年版，第 78 页。

泽中，甚而至于已经自己不觉得。世界日日改变，我们的作家取下假面，真诚地，深入地，大胆地看取人生并且写出他的血和肉来的时候早到了；早就应该有一片崭新的文场，早就应该有几个凶猛的闯将！"① 巴金对"心诚"的重视也贯穿他文艺创作的始终。20 世纪 30 年代，他在总结自己的作品时指出，"我的生活是痛苦的挣扎，我的作品也是的。我时常说我的作品里混合了我的血和泪，这不是一句谎话。"② 到了 80 年代，他更是将自己对文学真实的理解概括为两个"融合"和"一致"："我学到的是把写作和生活融合在一起，把作家和人融合在一起。我认为作品的最高境界是二者的一致，是作家把心交给读者。……我本人总想坚持一个原则，不说假话。"③ 可见，以朱立元为代表的当代中国美学家对现实主义的"心诚"理解，既继承了中国美学的"立诚"传统，也突显了马克思主义现实主义美学中的重"诚"维度，是对僵化社会主义现实主义"歌德文学"反思的中国化表达。

中国传统美学中的"传神说"把"艺术真实由外在真实提到内心真实，由事实真实上升到人物的灵魂真实，把

---

① 鲁迅：《论睁了眼看》，《鲁迅全集》第 1 卷，人民文学出版社 2005 年版，第 254－255 页。

② 巴金：《〈电椅〉代序》，《巴金论创作》，上海文艺出版社 1983 年版，第 25 页。

③ 巴金：《文学生活五十年》，《巴金论创作》，上海文艺出版社 1983 年版，序言，第 10 页。

符合客观的'逼真'融合到艺术家发自肺腑的真情实感中去，达到同时传达主客体双方之真"①。阎连科对"传神说"进行了创造性传承和发展，用"内真实"表达他对现实和真实的新理解，建立真实与自我心灵的联系。"内真实"是阎连科系统论述其神实主义理论的长文《发现小说》中的核心概念。在《发现小说》中，阎连科提出了"神实主义"这一发展了的现实主义的理论主张。对于神实主义，阎连科的定义如下："在创作中摒弃固有真实生活的表面逻辑关系，去探求一种'不存在'的真实、看不见的真实、被真实掩盖的真实。神实主义疏远于通行的现实主义。它与现实的联系不是生活的直接因果，而更多的是仰仗于人的灵魂、精神（现实的精神和事物内部关系与人的联系）和创作者在现实基础上的特殊臆思"②。他想要把握的"真实"不是控构真实，甚至不是传统现实主义意义上的灵魂真实，而是从灵魂出发的"内真实"。内真实是以作家的心灵为中介的世界真实。他的神实主义写作面对的并不是现实中已有的真实，而是去"找到或抓住那个现实中没有、而人们精神与灵魂中必然存在的内真实——内精神"③，只有这样，才能真正解决小说的真实性的问题。阎连科"内

---

① 朱立元、王文英：《中西艺术真实观念之比较》，《学术月刊》1987年第1期。

② 阎连科：《发现小说》，《当代作家评论》2011年第2期。

③ 阎连科：《发现小说》，《当代作家评论》2011年第2期。

真实"与拉康的"实在界"不同，更强调人类精神和灵魂对现实的中介。"内真实"表明了阎连科"向内转"的意图，他努力使文学挣脱镜子般对现实直观反映的窠臼，努力把握灵魂的深层真实。"内真实"仍旧指向对现实的把握，是在"外真实"失效之后对现实主义的一种补救。神实主义是阎连科用以把握当代现实的一种创造。"'神实主义'不仅触及当今人们关于现实主义的困惑，也涉及现实主义文学基本原则。"① 在神实主义的理论阐发和创作实践中可以看到的是阎连科强烈的"介入"意愿。神实主义是阎连科介入现实的最适当的形式。

无论是西方还是中国，学者和艺术家对现实主义的探讨日益复杂深入，但精致繁复的学术话语中透露出真诚朴素的乌托邦理想，是马克思、恩格斯经典现实主义美学中直面现实、改造世界、人的解放的美学精神的当代回响。

结　语

马克思主义现实主义美学由马克思、恩格斯在 19 世纪下半叶开启，伴随着革命实践和艺术实践不断丰富发展，形成了以"真实"为核心，包含创作方法、艺术体制、美学精神三重维度的美学体系。这三重维度在不同的历史发

---

① 李运抟：《现实主义的开放与原则——与阎连科商讨"神实主义"及其他》，《南方文坛》2013 年第 4 期。

展阶段各有侧重，形成了三种不同的美学形态。马克思主义现实主义美学始终以"改变世界"为终极诉求，从对资本原始积累的愤怒到对符号秩序裂缝的暴露，它不断在历史裂变中重构自身，既是对压迫的持续抗议，也是对解放的执着追寻。它并非局限于特定的创作方法，更是包含了批判性的美学精神——要求艺术穿透表象、暴露矛盾，并在感性层面唤醒变革的集体意志。总体而言，马克思主义现实主义美学既强调文艺与社会主义/无产阶级文化革命的统一性，又注重实践的创造性与人的自由解放的审美维度。"现实主义既是新现实的必然结果，只有在新的世界图像建立起来的时候，'现实'的新知识范式才能转换完成。'现实主义'不是诞生在有生活和对生活的模仿就有现实主义的时刻，而是诞生在'新现实'发生的时刻"[①]，现实主义艺术是对"新现实"的呈现，也是对"新现实"的建构。解释世界也改变世界，是马克思主义现实主义美学的实践指向。马克思主义现实主义美学直面现实，以"真"为美，以"真"求美，人们对"真"的探寻是无止境的，人们对美好生活的探寻也是无止境的。马克思主义现实主义美学的生命力，正在于其"未完成性"——它拒绝提供终极答案，而是通过持续的形式实验与理论自反，在历史的断裂

---

① 周志强：《敢于面对自己不懂的"生活"——现实主义的文体哲学与典型论的哲学基础》，《中国文艺评论》2021年第8期。

处寻找介入现实的支点。尽管面临教条化、市场化与技术异化的挑战，但它仍是资本全球化时代最具现实介入力的美学范式。它将继续在批判与乌托邦、总体性与碎片化、技术理性与身体经验的辩证张力中，开辟新的感性政治空间。

论卢卡奇《历史小说》中历史与形式的辩证法

王一冰

摘要：《历史小说》是卢卡奇在莫斯科时期非常重要的一部作品，但在我国未能引起广泛的关注。这部作品是卢卡奇首次以马克思主义为指导而写作的文艺理论专著，对其的研究基点需要从美学视角转向哲学视角，才能挖掘出现实主义的逻辑范式。本书以"形式"和"历史"作为中心范畴，彰显了现实主义的规范性原则。通过形式与历史的双重建构，在扭转总体性形而上学内核的基础上，《历史小说》突显了伟大现实主义的真实内涵，即本体论的唯物坚持，辩证法的开放阐释以及主体解放的革命价值。这一态度代表了其从形式逻辑向辩证逻辑的转变，从线性历史观向唯物历史观的超越，表达了与传统反映论相悖的理论立场，本质上是回到了马克思《1844年经济学哲学手稿》中的美学思想。虽然卢卡奇的现实主义理论在20世纪后半叶遭受了巨大的责难，但步入新世纪之后，其理论却成为现实主义复兴的基石。卢卡奇在《历史小说》中论述了"面向未来"的历史哲学，其本质是为了强调主体"共同交流"的可能。这一理念暗含了联合的跨区域性，强调现实主义在权力转移的过程中逐步在非洲和拉丁美洲等地掀起创作的浪潮。这些曾经被界定为创作边缘地区的作家，在全球化的背景下，再次将目光聚焦回"历史"，宣称历史能够连接起世界体系中的某种关联。

关键词：形式；历史；辩证法；《历史小说》；现实主义

作者简介：王一冰，1997 年生，苏州大学文学院博士生，主持江苏省研究生科研创新计划""《神圣家族》对'物质'思想的建构——马克思恩格斯批判'自我意识'哲学的新路径"（KYCX24 _ 3375）。［电子邮箱：wyb0841@163.com］

On the Dialectics of History and Form in Lukacs' *The Historical Novels*

Wang Yibing

Abstract：Georg Lukács' *The Historical Novel*，a seminal work from his Moscow period，remains understudied in Chinese academic circles despite its theoretical significance. This work represents Lukács' first theoretical work on literature and art guided by Marxism. Its foundational research paradigm requires a philosophical—rather than purely aesthetic—lens to fully grasp its realist logic. The book centers on the categories of "form" and "history", highlighting the normative principles of realism. Through the dual construction of form and history, on the basis of overturning the metaphysical core of totality, Lukács uncovers the essence of great realism, which includes the ontological materialism, the open interpretation of dialectics, and the revolutionary value of subject liberation. This attitude represents a shift from formal logic to dialectical logic, an overcoming of linear historical views towards a materialist conception of history, and articulates a theoretical stance contrary to traditional reflection theory. Essentially, it returns to the aesthetic ideas in Marx's *Economic and Philosophic Manuscripts of 1844*. Although Lukács' theory of realism faced substantial critique in the late 20th-century discourse, his theories became the cornerstone of the revival of realism in the new century. In *The Historical Novel*, Lukács discusses a "future-oriented" philosophy of history, fundamentally aimed at emphasizing the possibility of "common communication" among subjects. This vision implies transregional solidarity, evidenced by realism's creative resurgence in postcolonial contexts (e. g., Africa and Latin America) during geopolitical realignments.

Writers from these formerly peripheral creative regions, within the context of globalization, have refocused their attention on "history", asserting that history can establish connections within the global system.

Keywords: form; history; dialectics; *the historical novel*; realism

Author: Wang Yibing (1997—) is a doctoral student at the College of Literature in Soochow University, the principal investigator of the Jiangsu Province Graduate Research and Innovation Program "The Construction of 'Matter' in *The Holy Family*—A New Path in Marx and Engels' Critique of the Philosophy of 'Self-Consciousness'". [Email: wyb0841@163. com]

　　《历史小说》写于 1936—1937 年间，具有重要的理论价值。国外学者如佩里·安德森、阿格妮丝·赫勒以及弗雷德里克·詹姆逊等当代知名理论家都对《历史小说》进行过专题式的研究。他们基本上都是从当代视角出发，以卢卡奇历史小说理论为基础，对历史小说的当代发展进行评价。国内学者同样注意到了这一文本。在 1980 年和 1981 年出版的《卢卡契文学论文集》一二卷中，叶逢植和张黎翻译了《历史小说》中的四个小节。这是国内学界关于《历史小说》最早的译介。此后，对于《历史小说》的研究进入了低谷期。近期，国内学者开始关注这一文本，出现了少量与此相关的论文。这些论文基本上也是从"人民性""典型性"等传统现实主义概念对其进行讨论。然而，深入分析《历史小说》的文本，可以发现卢卡奇所传达的现实主义原则，在某些方面与国内外学者对其进行的传统界定有所不同。

想要区别于传统的界定，对其理论的研究视角就需要发生改变。这部作品正如卢卡奇所言，是他建立马克思主义美学体系的首次尝试。同时，他还着重突出了一点，即《历史小说》遵循的原则依然是马克思主义的方法。这一观点已成为卢卡奇研究的某种共识，但本质上却为我们重新理解其现实主义观提供了新的视角，即卢卡奇是从马克思主义哲学的角度切入文学问题的。必须强调这一观点的原因在于，卢卡奇的现实主义观并不仅仅是典型论、工具论、阶级论等观点的简单综合，而是有着深层历史哲学内涵的文艺理论。因此想要重新挖掘卢卡奇现实主义的内在逻辑不仅要从文论美学角度，也要从马克思主义哲学角度介入其对文学问题的思考。

从某种程度上说，可以把形式与历史视为统摄卢卡奇的文艺理论的"元范畴"。在《历史小说》中，卢卡奇便以"形式"和"历史"为核心范畴，在辩证逻辑意义下阐释二者之间的交互关系，并将此作为现实主义的中心理论。因此。本文以卢卡奇写于1936年的《历史小说》为背景，以形式与历史的辩证建构为线索，以马克思主义哲学观为视角，尝试对其现实主义观进行再阐释，并讨论这一理论在当代的价值和意义。

一、历史与形式的交互演绎——现实主义的中心法则

在《我走向马克思的道路中》，卢卡奇明确表示现实主义本身就是一个辩证法的问题。在《历史小说》中，卢卡奇紧扣"历史"与"形式"这两个关键词，对二者的关系进行了辩证的考察，并将其作为现实主义的内在理论逻辑。

总的来说，二者的辩证关系体现为历史是发展的历史，形式是发展的形式，历史作为特殊的内容影响形式，反过来形式又作为一种特殊的时代表达展现历史的本质。那么，历史是如何影响形式的？形式又通过怎样的方式展现了历史的本质？

在论述上述问题之前需要明确卢卡奇对历史的定义。卢卡奇基本上遵循了马克思的观点，即"历史的展开不仅可以被理解为偶然事件的串联，而且可以被理解为一个有目的和有方向的整体"[①]。《历史小说》也以这一观点为基础：一方面将历史指代为具体的事件，如战争革命、经济

----

① Gordon Graham，"Lukacs and Realism after Marx"，in *The British Journal of Aesthetics*，Vol. 38，No. 2，1998，pp. 287−304.

计划或政治政策等，将其作为小说的素材；另一方面认为历史是以总体性为特征的"处于变化过程中的有机性存在"①。对于历史总体性而言，从共时性的角度出发，卢卡奇认为这是在经济基础和上层建筑的互动中形成的，所体现的是过去社会的整体氛围；而从历时性的角度出发，卢卡奇又强调历史是"现在的具体前提"②，认为历史总体性融合了过去与当下，并最终展现了历史发展的未来趋势。

界定了历史的规定之后，首先是历史影响形式的问题。对于这一问题，卢卡奇所援引的历史观点是将历史作为具体的事件来理解。因此，历史作为特殊的内容对形式进行影响，即历史是一种世界观，是一种能够把握的意识以及是某些具体的生活事实。

第一，对于作家而言，其历史世界观影响形式的表达技巧。17—18世纪的历史小说家由于缺乏对历史本质的把握，抽象地打造了历史环境和历史人物，即"历史被视为纯粹的服饰，重要的只是环境中的奇闻轶事……只关注人物在心理和社会中的真实……而历史真实的问题却一直在视野之外"③。而在1814年之后，司各特将英国的"光荣

---

① 付文军：《马克思历史概念的理论阐释与当代意义》，《人文杂志》2023年第7期。

② Georg Lukács, *The Historical Novel*, London：Merlin Press Ltd，1983，p.21.

③ Georg Lukács, *The Historical Novel*, London：Merlin Press Ltd，1983，p.19.

革命"和自己保守主义的立场相结合，强调对历史意识的整体把握，促使其完善了小说对历史的具体表达，即"从人物所处时代的历史特殊性中生长出人物的个性"①。因此，作者通过对历史世界观的把握转变了历史小说的表达技巧。将其从历史事件的堆砌中解放出来，走向了人物和环境互动的整体性描写。

第二，对于文体而言，其发展受到了历史中具体生活事实的影响。卢卡奇认为，形式之间的根本差异源于历史生活本身，即生活事实不断为形式提供素材，且生活的辩证法与形式的辩证法相适应。例如战争时代与非战争时代所展现出的不同的生活事实导致了历史戏剧向历史小说的过渡。战争时代集中了生活的焦点，而社会的其他因素基本上退居幕后。戏剧所追求的"运动的总体性"是以展现冲突为核心，只有与冲突相关的因素才能够存在，其他部分的表现则总是以暗示的方式出现。因此，革命的辩证法与戏剧的辩证法在这一点上达成了共识。相对而言，当历史进入非战争时代，社会的烦琐因素增多，此时需要一种"更宽容、更松散、更复杂"的方式来展现生活的"制度、风俗和人际关系"。于是，为了展现非战争时代的生活，小说形式随之兴起，原因在于"其刻画方式比戏剧更接近生

---

① Georg Lukács, *The Historical Novel*, London: Merlin Press Ltd, 1983, p. 19.

活，或者说更接近生活的正常面貌"①。此时的生活辩证法和小说形式所展现的"社会的总体性"具有某种内在的同一性。因此，生活事实及其辩证法的变化必然引起形式的转变，并与形式的辩证法相对应。

第三，对于批评家而言，对历史意识的把握会影响他们对作品的价值判断。卢卡奇对司各特的评价与浪漫主义批评家截然不同，展现了批评家对历史的不同理解是如何影响作品的评价的。雨果曾对司各特的作品进行评价，认为其仅仅是"客观地呈现竞争的历史力量……旨在证明美德优于邪恶"②。其中体现了浪漫主义作家关于历史主体化和道德化的观点，表达了对历史的思辨理解。因此，他们通过司各特对细节的描绘便认定其作品的浪漫主义属性。卢卡奇则批判了这种形式主义的评价，转而从历史性的角度强调司各特的细节描写服务于小说的总体性表达，本质上是日常生活、社会结构以及人与人之间关系的具体体现，展现了现实主义的原则。因此，通过对雨果和卢卡奇评价的对比能够发现，批评家对历史意识的不同把握导致了形式主义和历史主义的立场分歧，引发了他们对同一作品的不同判断。

---

① Georg Lukács, *The Historical Novel*, London: Merlin Press Ltd, 1983, p. 138.

② Georg Lukács, *The Historical Novel*, London: Merlin Press Ltd, 1983, p. 78.

　　综上，历史作为特殊的时代内容对形式进行了广泛的影响，成为形式表达和发展的重要范畴。

　　其次是形式展现历史。历史对形式的影响十分明显。然而，如果仅仅局限于这种影响就必然陷入历史决定论的圈套，进而忽视作品的伟大意义。因此，想要实现作品的超时代价值，形式又必须作为"无时代的普遍性"① 表达对历史进行展现。

　　基于上述观点，卢卡奇认为历史是一个动态的总体性过程。那么，形式通过哪些方式对其进行了反映？

　　第一，卢卡奇通过"中介人物"的塑造展现历史的总体性特征。恩格斯强调："每个人都是典型，但同时又是一定的单个人。"② 因此，既不能抹杀人物的个性，也不能将其塑造为脸谱化的人物。对于这一问题，卢卡奇通过特殊性这一范畴进行介入，认为："特殊性不仅是一种相对的普遍化，不仅是由个别通向普遍性（反之亦然）的道路，而且是个别性与普遍性的——由客观现实的本质所引起并借助思维而获得的——必要中介。"③ 这一思路延续到历史小说中，便是对"中介人物"的塑造，将其作为特殊性的具

---

　　① 刘健：《问题在于现实主义——从文学形式思想考察卢卡奇现实主义理论》，《湘潭大学学报（哲学社会科学版）》2021 年第 6 期。

　　② 《马克思恩格斯文集》第 10 卷，人民出版社 2009 年版，第 544 页。

　　③ ［匈牙利］卢卡奇：《审美特性》，徐恒醇译，社会科学文献出版社 2014 年版，第 728 页。

体表达，进而展现小说的总体性特征。"中介人物"的特点有二：一是在他身上必须展现时代的缩影；二是他能够联系社会中的各个阶层。此种特征一方面能够展现时代的普遍性冲突和悲剧，另一方面能够展现真实的大众生活。因此，卢卡奇强调此类人物为作家"展现某些历史过渡阶段的整体性提供了完美的工具"[①]，进而反映了历史总体性的特征。

第二，卢卡奇通过"历史氛围"的打造展现了历史的动态特征。对于卢卡奇而言，"历史氛围"和"历史环境"是两个完全不同的概念。在论述 17 世纪的历史小说时，卢卡奇确定了"历史环境"在本质上是孤立和思辨的。而"历史氛围"则不同。"历史氛围"是要从广义的角度理解历史环境，并揭示历史前进规律之间的互动，最终展现历史的动态特征。广泛的历史环境指的是绝不能仅仅描写静态物品，而是要关注"人的社会生活与构成社会生活活动基础的自然，以及调解人际关系的各种社会制度和习俗"[②]。卢卡奇认为："真正伟大的小说就是要对'方向'进行刻画"[③]，而这种方向和历史发展的规律往往是在这些

---

① Georg Lukács, *The Historical Novel*，London：Merlin Press Ltd，1983，p. 35.

② Georg Lukács, *The Historical Novel*，London：Merlin Press Ltd，1983，p. 139.

③ Georg Lukács, *The Historical Novel*，London：Merlin Press Ltd，1983，p. 144.

难以察觉的毛细血管中得到展现。因此，通过此种描写，小说能够有力地展示不可抗拒的历史发展趋势。

综上，卢卡奇的现实主义理论将历史与形式视为相互影响、相互定义的辩证关系。卢卡奇强调，历史不仅是具体事件的累积，更是具有总体性和动态性的过程，而形式作为历史的表达工具，同样处于不断的发展中。通过对作家的历史世界观、文体的演变以及批评家对作品的价值判断等方面的分析，卢卡奇展示了历史如何影响形式。同时，卢卡奇通过"中介人物"的塑造和"历史氛围"的打造，阐明了形式在反映动态历史中的作用。正是这种关系构成了现实主义的底层逻辑，揭示了现实主义作品如何在特定历史条件下实现其超时代的意义。

二、历史与形式的建构诉求——现实主义概念的再阐释

詹姆逊关于卢卡奇的观点强调了历史小说与现实主义之间的联系。詹姆逊认为，卢卡奇在关注"深层次的潜在历史趋势和倾向"[1] 时，实际上得出了一个隐性的结论，即在形式上被称为历史小说的作品，其实质仍然在现实主义的范畴内。因此，通过形式与历史的范畴分析，卢卡奇

---

① ［美］弗雷德里克·詹姆逊：《现实主义的二律背反》，王逢振译，中国人民大学出版社 2020 年版，第 262 页。

得出了一种超越传统现实主义和苏联现实主义的理论旨趣，具体体现为本体论的唯物坚持、辩证法的开放阐释以及主体解放的革命价值。

首先，从本体论的角度来看，卢卡奇试图扭转总体性的形而上内核，建构现实主义总体性的唯物基础。在《历史与阶级意识》中，辩证法被局限在社会历史中，"致使'自然的本体论客观性'被祛除了"[①]。为了反驳这一观点，卢卡奇对自然辩证法进行了强调。第一，卢卡奇认为自然科学的变革引发了形而上学危机，迫使"哲学不得不走向辩证把握现实的方向"[②]。第二，从"自然"范畴内部来说，卢卡奇反对黑格尔将自然看作潜在精神的观点，认为在社会发展之外，"自然还有它的发展历史"[③]。通过强调自然辩证法，卢卡奇将其与历史辩证法结合，构建了具有客观基础的总体性辩证法。

因此，卢卡奇通过构建本体论的唯物基础，为总体性赋予合法性，并确立了现实主义的唯物属性。他认为，虽然现实主义因"反映现实"而被视为唯物主义，但仅强调这一点会陷入实证主义的陷阱。卢卡奇的现实主义并非对

---

① 吴晓明：《论〈历史与阶级意识〉的辩证法研究》，《马克思主义与现实》2017年第2期。

② ［匈牙利］卢卡奇：《青年黑格尔》，王玖兴译，商务印书馆1963年版，第17页。

③ ［匈牙利］卢卡奇：《青年黑格尔》，王玖兴译，商务印书馆1963年版，第108页。

现实的直观模仿，而是反映历史发展的总体趋势和规律。为避免思辨，他通过自然辩证法、经济基础和生产关系等范畴，对总体性进行唯物建构，从而确立了其客观性，并实现了马克思主义唯物史观在文学中的应用。

其次，从辩证法的角度来看，现实主义在确立唯物主义的基础上，同时也包容了黑格尔辩证法的思想成果，即正反合的理论模型，与"否定之否定"密切相关。"正""反""合"三个字分别对应"同一性""否定性""整体性"① 这三个范畴，与"否定之否定"之间的关系则体现在："正"与"同一性"指的是"肯定"，意味着事物还未发展的最初阶段，即"当它是一个被接受的、现成的、直陈的东西时，它就是作为一个直接的东西"②；"反"与"否定性"则是指事物经由中介否定自身，并发展出他者与其互动，进而从内部产生推动事物的动力，这是第一重否定；"合"与"整体性"则是指"否定之否定"的阶段，是事物发展的最高境界，达到了完满的自由状态，"既把一切都包摄在自身之内，又因为它使自身成为最自由的"③。

根据这一逻辑和马克思在《资本论》中通过论述商品

---

① ［法］亚历山大·科耶夫：《黑格尔导读》，姜志辉译，译林出版社 2021 年版，第 564—566 页。

② ［德］黑格尔：《逻辑学》下卷，杨一之译，商务印书馆 2001 年版，第 533 页。

③ ［德］黑格尔：《逻辑学》下卷，杨一之译，商务印书馆 2001 年版，第 549 页。

和货币之间的关系推导出的"商品—货币—商品"和"货币—商品—货币"的公式，即"W—G—W"和"G—W—G"①，便能够得出"正—反—合"的一般公式，即"A—B—A"②。将此公式运用到现实主义中能够得出两条路径，即"形式—历史—形式"以及"历史—形式—历史"。这一观点之所以能够成立，主要是因为卢卡奇对"形式"的定义。一般来说，"形式"是内容的直接容器。但是卢卡奇早在《现代戏剧发展史》中就已经指明：形式"与生命体验和世界观有着紧密的关系"③。在受到马克思主义的影响后，卢卡奇将"生命体验和世界观"统规为"历史"，强调形式是最具历史性的存在。因此，在某种程度上，形式与历史绝不是"非此即彼"的展现，而是"亦此亦彼"的关系。于是，便能够运用"否定之否定"的观念解释"形式—历史—形式"以及"历史—形式—历史"。"形式—历史—形式"可理解为形式经由历史的介入不断完善自身，最终成为更完满，即总体性的形式；而"历史—形式—历史"则可理解为未经加工的历史经由形式的打造，最终体

---

① ［德］卡尔·马克思：《资本论》第一卷，人民出版社 2004 年版，第 127、176 页。

② 程本学、吴育林：《"三段式"辩证法的复杂性透视》，《求索》2008 年第 10 期。

③ 曹学聪：《卢卡奇的视野：现代戏剧发展史中的"形式"问题》，《文艺研究》2020 年第 7 期。

现具有总体性的历史发展趋势。因此，现实主义在唯物的基础上以及在最终通达总体性的道路中，融入了黑格尔辩证法的精髓。此处也突显出自然辩证法的重要性。在这两条路径中，"形式"和"历史"分别是出发点。如果没有自然辩证法的前提，二者的本体论极有可能被认为是形而上的。因此，卢卡奇通过大量的篇幅论述形式诞生的社会基础和历史的实践前提，其目的就在于将二者锁定在唯物的基础上。但是遗憾的是，此时的卢卡奇还并未正式确认"历史"的"劳动"本体论基础。综上，形式与历史彼此通达的理论路径展现了现实主义底层逻辑的辩证性。

最后，从价值论的角度来看，卢卡奇始终强调文学的政治性，认为现实主义具有促进主体解放的革命力量。"反法西斯"被认为是《历史小说》的政治主题。卢卡奇通过解构资产阶级的进步历史观，认为小说必须传达出一种具体的、革命的人道主义，并最终拥有解放大众的力量。对于资产阶级的进步历史观，卢卡奇指出其本质上是理性主义乐观进步论。但当资产阶级逐步丧失了进步性之后，"这个概念却丧失了许多昔日的光辉，它开始发白，开始凋谢"①。资产阶级在建构历史进步观时，援引了达尔文主义，将其进步观"夸大为一种超自然的、解构历史的神秘

---

① ［德］彼得·欧皮茨：《"进步"：一个概念的兴衰》，梁治平译，《中国社会科学季刊（香港）》1994年第8期。

现象"①。这一举措为资产阶级的历史统治赋予永恒性，强调了资产阶级进步的必然性。在这一观点下成长起来的人道主义，只是"一种软弱的、资产阶级的礼仪、一种自由主义的礼仪"②。因此，当茨威格反对人道主义的革命性时，卢卡奇对此进行了猛烈的批判，强调："茨威格就以表面哲学的方式规定了德国自由主义资产阶级的假人道主义。"③

而新型历史小说的出现便是对资产阶级进步历史观的妥协，追求"颓废"的普遍性。康拉德·费迪南·迈耶的作品是这一趋势的典型代表。迈耶拒绝了 1848 年法国大革命的民主理想，转而支持历史的唯意志论，认为"个人有能力在关键的历史时刻塑造历史"④。在他看来，权力的抽象意识形态与伟人的神秘历史宿命相互交织，强调"君主在政治上是一股团结的力量，君主在追求正义的过程中是

---

① Georg Lukács, *The Historical Novel*, London：Merlin Press Ltd，1983，p.175.
② ［匈牙利］卢卡奇：《卢卡契文学论文集》（二），中国社会科学出版社 1981 年版，第 104 页。
③ ［匈牙利］卢卡奇：《卢卡契文学论文集》（二），中国社会科学出版社 1981 年版，第 103 页。
④ ［英］以赛亚·伯林：《观念的力量》，胡自信、魏钊凌译，译林出版社 2019 年版，第 14 页。

无党派的，在反对民主平庸和社会的斗争中是一座堡垒"①。《佩斯卡拉》所展现的人道主义并不以广大的人民为中心，而是探讨君主的权力和道德。因此，其作品逐渐淡化历史与现实的联系，成为自由主义脱离现实的软弱象征。

面对这一哲学和文学的现状，卢卡奇认为必须恢复欧洲人道主义的革命传统才能达到反法西斯的目的。从哲学层面来说，历史的永恒导致了进步观念的机械性，并成为资产阶级统治的意识形态武器，其目的就是要消解人的主体性。而卢卡奇在批判其人道主义时，强调要重提人的主观能动性，在实践和革命中解放被压迫的人民。而从文学层面来说，在德国文学远离启蒙思想的背景下，法国历史小说却始终坚持启蒙思想对于塑造世界和人的价值的重要性。卢卡奇肯定了法国历史小说，认为其反映了对民主、工团主义和资本主义社会的批判。法国作家在面对反动派的挑战时，积极参与民主斗争，展现了法国文学与社会生活的紧密联系，形成了与德国文学的鲜明对比。罗曼·罗兰亦持此观点，在小说中科学分析了伟人所处的时代背景，通过悲剧和激情展现革命时期的人性。在《柯拉·布勒尼翁》中，罗曼·罗兰展示了法国人民的生活哲学，刻画了

---

① George W. Reinhardt，"On G. Lukács' Critique of C. F. Meyer：How is History Made?"，in *Colloquia Germanica*，Vol. 15，No. 4，1982，pp. 287－304.

真实的法国人民形象。"这部作品的不朽之处就在这里，……罗曼·罗兰并没有将他的英雄理想化。"① 这种扎根于大众立场的人道主义观点不仅强调了人的主观能动性，也暗含了反法西斯人民阵线的精神基础和解放现实的潜在力量。

综上，卢卡奇在本体论上强调自然辩证法，以确立现实主义的唯物基础。通过正反合的辩证法，卢卡奇将形式与历史的互动纳入总体性框架。同时，卢卡奇强调革命的人道主义是现实主义的价值属性，并将此作为反法西斯的主体解放基础。

三、"历史与形式"的理论价值与当代复兴

在 20 世纪后半叶的文学理论中，由于政治、时代和文化的发展，对于卢卡奇的现实主义观，基调是批判大于肯定。"如今，卢卡奇所阐释的经典理论的所有规则几乎都被蔑视或颠覆了。"② 那么，卢卡奇的现实主义是否真的已经过时，成为一堆毫无意义的废铁？答案当然是否定的，具体可从以下三个方面进行论述。

从卢卡奇本人的理论生涯来看，形式与历史的建构

---

① Georg Lukács, *The Historical Novel*, London：Merlin Press Ltd，1983，p. 327.

② Perry Anderson, "From Progress to Catastrophe：The Historical Novel", in *London Review of Book*，Vol. 33，No. 15，2011，pp. 24－28.

代表了其从形式逻辑向辩证逻辑的转变。在《小说理论》中，卢卡奇采取了黑格尔的线性历史观，而这种历史观本质上是形式逻辑的体现。在《马克思主义与形式》中，黑格尔的历史观被冠以"历时性建构"的名字，这种历时性的建构，所依赖的是历时性的"序列"。具体的历史现象只不过是通过范畴转化为与总体性相关的一个节点，经过选择的范畴成为个别与普遍、现象与理念之间的中介方式。詹姆逊将《小说理论》中采取的这种方式命名为"范畴分离"①，而这种运作方式本质上是非历史的，原因在于由范畴演化出的丰富的、具有表面历史性的演化过程实际上却成为与真实历史相隔离的封闭过程。对于这一点，卢卡奇在《历史与阶级意识》中已经领悟并对黑格尔哲学展开了批判："绝对精神和历史之间的没有说明的关系迫使黑格尔采取一种方法论上很难理解的历史终点的观点。……这个被设想为超历史的过程在每一个环节上都表现出历史的结构。……变得抽象和直观的方法歪曲和糟蹋了历史。"② 当形式思维面对着具体的历史过程之时，它只能通过概念对具体性展开抽象。因此，青年卢卡奇所采取的黑格尔辩证法本质上是形式逻辑的思

---

① ［美］弗雷德里克·詹姆逊：《马克思主义与形式》，李自修译，中国人民大学出版社 2016 年版，第 27 页。

② ［匈牙利］卢卡奇：《历史与阶级意识》，杜章智、任立、燕宏远译，商务印书馆 1999 年版，第 234 页。

维体现。

而到了《历史小说》时期，卢卡奇的思维已基本上完成了辩证思维的转变。除了上述"否定之否定"的逻辑体现，形式与历史的建构还展现了辩证法"对立统一和质量互变"的原则。从对立统一的角度看，马尔库塞强调："黑格尔反复强调，主体和客体之间的对立关系，意味着一个凝聚着两者之间的相互倾轧的统一是存在的。"① 卢卡奇也对此抱有相同的态度，因此现实主义包含了无数对互反的范畴，但最终都能从其对立面中显示自身。《历史小说》中较为突出的范畴是"相对与绝对"，强调的是艺术和现实生活之间的相对与绝对。一方面，"真实的、充实的、无限的和广泛的生活总体"在艺术中只能以"一种特殊的形式"相对展现，因为"任何文学人物都不可能包含生活本身所具有的无穷无尽的特征和反应"②。另一方面，当形式真正把握了生命的本质及其规范性的联系时，其展现出的生活真实性甚至比史书还要直接。因此，生活与形式之间关于相对与绝对的关系是辩证的。从质量互变的角度看，现实主义通过对矛盾的描写展示了这一逻辑。卢卡奇试图将矛盾建构成一个质量互变的体系。在小说中，矛盾的刻画原

---

① ［美］赫伯特·马尔库塞：《理性与革命——黑格尔和社会理论的兴起》，程志民等译，重庆出版社1993年版，第21页。

② Georg Lukács, *The Historical Novel*, London：Merlin Press Ltd，1983，p. 91.

则之一是将其与革命的发展相联系。革命准备阶段产生的小矛盾不应被忽略；随着革命的成熟，"这些小矛盾之间的客观联系越来越清楚地显示出来"①，最终导致具有决定性意义的冲突。从小矛盾到大冲突的转换，并不仅仅是数量积累引发质变，而是在特定的历史条件下，突显"历史的必然要求和这个要求的实际上不可能实现之间的悲剧性的冲突"②。因此，卢卡奇通过强调矛盾的历史性，部分突破了黑格尔的道德伦理式冲突，"将'社会生活的真实'历史语境中的冲突通过修辞转换成文本与历史的永恒张力"③，展现了唯物主义下的历史必然性。

从当时的时代氛围和理论氛围来看，卢卡奇试图通过"历史与形式"，在反思苏联反映论的基础上进行个人有创建性的建构论的阐释，即现实主义的建构论。自十月革命之后，苏联文艺界对文学的讨论就从未停止。由于对列宁"社会存在决定社会意识"的认识论进行机械式的理解，苏联文艺界形成了"反映—被反映"的线性反映论。他们将反映的对象确定为"不以人的意志为转移的客观真理"，

① Georg Lukács, *The Historical Novel*, London：Merlin Press Ltd，1983，p. 98.

② 《马克思恩格斯文集》第 10 卷，人民出版社 2009 年版，第 177 页。

③ 陈舒盈：《马克思恩格斯悲剧理论的生成语境、理论内涵与美学价值》，《中国文学批判》2023 年第 2 期。

"将原本属于感性的美学艺术探索归结到哲学认识论问题上"①。这导致反映对象的绝对客观化，陷入唯心主义的"实在论"，依赖于知性形而上学的抽象同一原则。其中，"新列夫派"是机械反映论的极端发展。他们强调"写实文学"的口号，认为"作家只能以写实为己任，只能对已被政治思想和科学思想探讨过的理念进行'文学加工'"②。

针对这一理论现状，身处莫斯科的卢卡奇虽受到诸多限制，但依然潜在地在《历史小说》中表达了与苏联文艺界不同的看法，始终与"社会主义现实主义"保持距离。与苏联对列宁的机械认识不同，卢卡奇虽然深受列宁认识论的影响，但对于现实主义，他本质上是回到了马克思《1844 年经济学哲学手稿》中的美学思想，即将美学活动"看作是人'按照美的规律'创造世界、然后再以相应的——审美的——方式感受、直观、评价世界的一种能力"③。通过认识论的转变，卢卡奇强调要将现实主义看作一种实践活动，而非对现实的机械反映。

以此为基础，卢卡奇在苏联反映论的基础上进行了具有创建性的建构论的阐释。第一，在反映对象的问题上，

---

① 李圣传：《认识论、真理观与美学问题——"美学大讨论"与马克思主义美学的方法论反思》，《社会科学战线》2023 年第 10 期。
② ［苏联］B. 罗果文、C. 马申斯基：《苏联的文学争论（苏维埃俄罗斯文学）》，郭家申、钱善行译，《世界文学》1985 年第 6 期。
③ ［苏联］M. C. 卡冈：《马克思主义美学史》，汤侠生译，北京大学出版社 1987 年版，第 20 页。

卢卡奇将"不以人的意志为转移的客观真理"转换为需要情感激发的"历史精神"。大众的情感激发是通过真正的群众运动实现的，因为革命"向广大群众传达了一种历史感和经验"①。同时，卢卡奇认为历史小说需要反映"民族的伟大和民族的性格"②，"引导人们像在历史中那样思考、感受和体验社会动因和人类动机"③。最终，现实的情感激发和文学的价值内涵相结合，导致了历史精神的诗意唤醒。因此，"卢卡奇不是立足于自文艺复兴时期以来对自然的模仿观念，而是回到亚里士多德对'民族精神的模仿'"④。第二，在反映方法的问题上，卢卡奇采取了"回溯－前进"的方法，即"以分析方法从现在转向过去，回溯到必然是过去的行动在其发生时刻的意义和价值，然后以一种酷似它们原初的丰富和驳杂的方式，在思想里综合地重新创造它们"⑤。卢卡奇通过此种方法改造了苏联同质化的反映论，让历史小说在不断的回溯和前进中实现不断解构和建

---

① Georg Lukács，*The Historical Novel*，London：Merlin Press Ltd，1983，p. 25.

② Georg Lukács，*The Historical Novel*，London：Merlin Press Ltd，1983，p. 54.

③ Georg Lukács，*The Historical Novel*，London：Merlin Press Ltd，1983，p. 42.

④ 傅其林：《论东欧新马克思主义对反映论美学模式的批判》，《马克思主义美学研究》2013年第1期。

⑤ ［美］弗雷德里克·詹姆逊：《马克思主义与形式》，李自修译，中国人民大学出版社2016年版，第189页。

构的总体化。第三，在反映价值的问题上，卢卡奇反对将政治教条作为现实主义唯一的评价标准。卢卡奇强调，对于斯大林时期政治理论的理解"并不是伟大现实主义的充分条件"①，同时政治理论的优越性也"并不会使现实主义作品自动获得成功"②。

最后，在认识论的转变和对苏联反映论的超越中，卢卡奇将现实主义作为一种历史活动，强调历史发生、作者创作和读者接受等因素的彼此互动，进行了总体性的建构。这种总体性建构的特殊性在于"当存在变成了'主体'并使其外在状态适合于其潜在时，真正的存在才开始了"③，即客体是主体自我发展的内在因素，反之亦然。由此，作为主体的作者和读者将作为客体的历史和社会当作其自身的发展因素时，形式成为总体性辩证法的体现才具备合法性。最终，卢卡奇超越了苏联机械的反映论，为现实主义打开了一个开放的理论空间。

从当代文学理论的趋势来看，自现代主义勃兴以来，现实主义就不断遭受着解体的危机。从历史主义的角度出发，詹姆逊在《现实主义的二律背反》中指出"晚期资本

---

① Gordon Graham, "Lukacs and Realism after Marx", in *The British Journal of Aesthetics*, Vol. 38, No. 2, 1998, pp. 287–304.

② Georg Lukács, *The Meaning of Contemporary Realism*, London: Merlin Press, 1969, pp. 114–115.

③ ［美］赫伯特·马尔库塞：《理性与革命——黑格尔和社会理论的兴起》，程志民等译，重庆出版社1993年版，第61页。

主义的消费主义不再是曾为现实主义提供内容的外部客体参照系，也无从知晓十八、十九世纪的日常生活形式"①。因此，卢卡奇所强调的历史小说必然走向解体，而现实主义必然让位于现代主义。从结构主义和解构主义角度出发，自从索绪尔指出语言的意义来自词语间的关系而非对现实的指涉之后，利奥塔、罗兰·巴特和德里达通过建构图形性空间、区分可写性和可读性文本以及提出"延异"概念，认为传统现实主义是对道德确定性和经验一致性的怀旧，为人类生活和身份提供了表面性的安慰，本质上掩盖了后现代世界的混乱状态。从大众文化的角度出发，消费主义取代了卢卡奇大众性写作的核心，导致大众文化的"廉价模仿"在某种程度上与机械现实主义具有同一性，因此法兰克福学派的理论家也对现实主义的意识形态进行了批判。

虽然批评的声音甚嚣尘上，但对现实主义理论的辩护和现实主义的创作从未停止。《哥伦比亚美国文学史》便对这一点进行了强调，认为第二次世界大战之后出现了现实主义的复兴。而新时代的现实主义理论，或多或少都在与卢卡奇的现实主义进行着远景的呼应。首先是 20 世纪 60 年代，韦勒克和格林伍德以卢卡奇现实主义理论为基点，在《新语言学》杂志上展开了一段关于现实主义概念的辩

---

① 徐蕾：《现实主义概念的雅努斯时刻——文学批评史上的韦勒克与格林伍德之争》，《外国文学评论》2020 年第 1 期。

论。其中，虽然韦勒克对现实主义进行了负面评价，但在"客观性、典型、历史主义"这三个方面，"卢卡奇的论述在某种程度上深刻影响着韦勒克的'理解前结构'"①。其次，在经历了现实主义的大面积溃败之后，有一批理论家在新世纪警惕过度膨胀的现代主义和魔幻现实主义，对现实主义的价值进行了重新考虑和评估。其中，对于现实主义的讨论，蒂莫西·比韦斯、大卫·坎宁安以及艾莉森·肖恩克韦勒等人的研究甚至被誉为"卢卡奇式"（Lukácsian）的转折。而他们的理论大抵以卢卡奇的现实主义为基础，研究卢卡奇的现实主义与后现代小说之间的关系，并努力拓展资本主义现实主义的概念。最后，卢卡奇在《历史小说》中论述了"面向未来"的历史哲学，其本质是为了强调主体"共同交流"的可能，即强调与表征主义相反的"需要交流关于物质的、非语言的世界的信息"②。而"共同交流"的理念正是当今世界文学所需要的。卢卡奇认为战争会给大众带来历史感，而不同区域的大众会在传达了历史感的文学中达到主体性交流，并最终走向为了现实统一而进行的革命。这一观点隐含着地缘政治的理论，即强调联合的跨区域性。如今，为了破除欧洲中心主义和美国霸权主义，现实主义在权力转移的过程中

---

① 徐蕾：《现实主义概念的雅努斯时刻——文学批评史上的韦勒克与格林伍德之争》，《外国文学评论》2020 年第 1 期。

② Pam Morris，*Realism*，London：Routledge，2003，p. 43.

逐步在非洲和拉丁美洲等地掀起创作的浪潮。这些曾经被界定为创作边缘地区的作家，在全球化的背景下，旨在揭示全球系统的相互联系和动态过程，力求反映现代社会的复杂性。因此，他们再次将目光聚焦回"历史"，认为历史能够连接起世界体系中的某种关联，进而产生共鸣。因此，佩里·安德森在肯定卢卡奇观点的基础上明确表示以现实主义为基础的历史小说复兴了全球小说，并且主要是从非核心地区汲取能量："这是文学史上最惊人的转变之一。今天，历史小说处于小说的上层，比 19 世纪初古典时期的巅峰时期更为流行。"①

尽管现实主义长期受到现代主义及后结构主义的持续挑战，但其理论价值与实践潜能并未消退。借助卢卡奇关于历史性与"共同交流"的思想，当代现实主义在全球语境中获得新的生命力，尤其在非西方世界历史小说的兴起中展现出强大的叙事张力与政治批判性。在全球化与权力转移的背景下，现实主义不仅重新确立其文学地位，更成为连接历史意识与现实政治的重要美学形式。

综上所述，卢卡奇的理论发展反映了其从形式逻辑向辩证逻辑的转变，特别是在《历史小说》中展现了辩证法的"对立统一"和"质量互变"原则。他通过批判苏联反

---

① Perry Anderson，"From Progress to Catastrophe：The Historical Novel"，in *London Review of Book*，Vol. 33，No. 15，2011，pp. 22-24.

映论，强调了现实主义的建构论。这种视角不仅推动了对现实主义的重新评价，也为理解现代文学与历史的关系提供了新的理论路径。在现代和后现代理论对现实主义发出责难的时期，现实主义却在全球化背景下进行了复兴，尤其在非核心地区，进一步展示了历史小说在当代文学中的重要性，成为对抗西方中心主义的有力工具。

结　语

赫勒在总结卢卡奇关于历史小说理论的观点时，表达了自己对当代历史小说的态度："我的评价并不是从审美的角度出发。"① 而这一句评价也间接表明了卢卡奇理论的立场，即"历史"与"形式"这对范畴的张力，使得其理论很难被界定在某一种评价体系内，而这种张力就体现在其哲学的底色、文学的路径以及人文的关怀中。也正是这种复杂性导致《历史小说》这部作品不仅仅被批评家引用，也出现在史学家以及哲学家的著作和文章中。

不可否认的是，卢卡奇关于历史小说和现实主义的观点确实存在过时的成分。然而，从其自身的理论路径来看，从马克思主义美学的角度来看，从当今世界文学理论的争论来看，卢卡奇通过"形式"与"历史"所规范的现实主

---

① John Rundell ed., *Aesthetics and Modernity: Essays by Agnes Heller*, New York: Lexington Books, 2011, p. 103.

义本质上涉及数对经典的文学与哲学的范畴，围绕这些经典范畴，不论是建构还是解构，都代表了它们源源不断的生命力。也正是这一原因，促成了现实主义在当代的再次复兴。

论赫勒对现代日常生活悖论的批判与超越①

邵 帅

摘要：现代社会，日常生活既有日新月异的变化，却也时刻面临危险，呈现出悖论性。对现代日常生活状况及其悖论的思考贯穿赫勒思想的始终，成为赫勒思想的现实启发。人这一主体是把握赫勒理解现代日常生活悖论的关键。现代日常生活悖论，基于现代人的偶然性，在总体上表现为现代人在获得自由的同时又可能走向"虚无"，具体体现为现代社会的功能主义在带来生产力解放的同时又阻碍了"人类本性"或者说人的全面发展。在人的各种属性中，可以区分出"特殊性"和"个体性"两大主要类型。特殊性对于日常生活而言是第一性的，特殊性不仅逻辑地孕育着现代日常生活悖论的可能，而且特殊性的非反思性、一般化要求与排他性直接成为这种悖论的原因。个体性作为类本质及其可能性的反映和不断生成个体性、克服特殊性的过程，在历史、主体、意识、实践等维度表现出了生

① 国家留学基金管理委员会"国家建设高水平大学公派研究生"项目（202306240183）。

存论价值。赫勒对现代日常生活悖论的批判生发于对现代日常生活状况的思考，扎根于对特殊性的分析，结果于对个体性的培养和实现。这既为超越现代日常生活悖论提供出路，具有深刻的现实意义，又形成了赫勒日常生活批判理论的核心部分，不仅实现了马克思主义在东欧的延伸和拓展，而且为她的整个思想理论体系奠基。

关键词：赫勒；现代；日常生活悖论；特殊性；个体性

作者简介：邵帅，1995 年生，男，四川成都人，四川大学哲学系博士研究生，澳大利亚悉尼大学哲学系联合培养博士生，从事马克思主义哲学、东欧新马克思主义研究。[电子邮箱：shuai.shao.phil@qq.com]

On Heller's Critique and Transcendence of the Paradox of Modern Everyday Life

Shao Shuai

Abstract：In modern society，everyday life is characterized by constant development and simultaneous peril，revealing its inherent paradox. Thinking about the situations and paradox of modern everyday life runs through and becomes the actual inspiration of Heller's thought. The subject of human beings is the key to grasping Heller's understanding of the paradox of modern everyday life. The paradox of modern everyday life, based on the contingency of modern people, is generally manifested in that modern people may move towards "nothingness" while gaining freedom, and specifically manifested in that the functionalism of modern society brings about the liberation of the productive force while hindering "human nature" or the all-round development of humans. Among various attributes of human beings, two major types can be distinguished, that is, "particularity" and "individuality". Particularity dominates everyday life. Not only does particularity logically give rise to the possibility of the paradox of modern everyday life, but also the non-reflective nature, generalized requirements, and exclusiveness of it directly become the causes of this paradox. As a reflection of the species essence and its possibilities, and the process of constantly generating individuality and overcoming particularity, individuality exhibits existential values in dimensions such as historical, subjective, conscious, and practical. Heller's critique of the paradox of modern everyday life stems from the reflection of the situations of modern everyday life, takes root in the analysis of particularity, and ends up with the cultivation and realization of individuality. This not only provides a way out for transcending the paradox of modern everyday life, which has profound practical significance, but also forms the cornerstone of Heller's critical theory of everyday life, which not only realizes the extension and expansion of Marxism in Eastern Europe, but also establishes the foundation for her entire ideological and theoretical system.

Keywords：Heller；modern；the paradox of everyday life；particularity；individuality

Author：Shao Shuai（1995— ），Ph. D. candidate of Philosophy Department，Sichuan University；visiting Ph. D. student of the Department of Philosophy，University of Sydney. His research field is Marxist philosophy and Eastern European Neo-Marxism. ［Email：shuai. shao. phil @qq. com］

阿格妮丝·赫勒（Ágnes Heller，1929—2019）作为布达佩斯学派的核心人物，在日常生活批判、道德理论、历史理论、现代性理论、美学等方面都有理论建树。这些成就都离不开她对现代人日常生活状况的反思。与之直接相关的日常生活批判理论因而也是"赫勒理论研究的起点及基础"①。从总体上看，在 20 世纪，尽管生产得到了高度的发展，人类社会也呈现出前所未有的现代化水平，但是人类所面临的灾难却日益严重，威胁人的生存，所以，日常生活既有日新月异的变化，却也时刻面临危险。对现代日常生活状况的思考贯穿赫勒思想的始终，成为赫勒思想的现实启发。对此，衣俊卿教授指出，"赫勒的日常生活批判属于一种'现代性'的立场，从理性主义和人道主义的立场超越前市场经济条件下的自在自发的生存状况"②。

赫勒认为，现代人所面对的问题可以归结为如何"不放弃自由"，摆脱"必然性或宿命"的束缚，脱离"无效的或致命的实验"，避免"社会工程或救赎政治的实验"，从而让自己实现对"命运""环境"的主宰。③在她看来，人需要实现对自己和社会的掌控，从而克服社会中的各种问题。基于这一理论追求，赫勒揭示了现代日常生活的悖论，让现代日常生活状况得到更清晰的呈现。在此基础上，赫勒对现代日常生活悖论进行了深入的批判，从人的特殊性（particularity）出发，厘清日常生活悖论的原因与内在逻辑，进而强调个体性（individuality）对超越日常生活悖论

---

① 隽鸿飞、王思楠：《赫勒日常生活批判理论的双重维度及其理论意义》，《学术交流》2017 年第 11 期。

② 衣俊卿：《东欧新马克思主义精神史研究》，黑龙江大学出版社 2015 年版，第 348 页。

③ Ágnes Heller and Ferenc Fehér, *The Postmodern Political Condition*，New York：Columbia University Press，1988，p. 19.

的生存论价值。如此既为超越现代日常生活悖论提供出路，具有深刻的现实意义，又形成了赫勒日常生活批判理论的核心部分，不仅实现了马克思主义在东欧的延伸和拓展，而且为她的整个思想理论体系奠基。

一、揭示日常生活悖论：从偶然性出发审视悖论

在赫勒看来，现代日常生活是悖论性的。赫勒从现代人的偶然性出发，揭示了日常生活悖论。对赫勒而言，要理解现代日常生活悖论，最首要和根本的就是理解人本身，而现代人本身就是偶然性的。赫勒强调，"现代人是偶然的人"①。在融合海德格尔与卢卡奇思想的基础上②，赫勒点明了作为理解日常生活悖论之基础的偶然性，并立足现代社会具体状况，揭示了现代日常生活悖论的双重表现，即在"存在"与"虚无"之间和在功能主义双刃剑之下，为深入理解和超越日常生活悖论奠基。

（一）悖论的形成条件：现代人的偶然性

为理解现代人的偶然性，首先需要把握的是"被抛性"

---

① ［匈牙利］阿格妮丝·赫勒：《道德哲学》，王秀敏译，黑龙江大学出版社2014年版，第6页。

② 赫勒指出，早在1968年撰写《日常生活》这部著作时，她就已经受到海德格尔《存在与时间》和卢卡奇《审美特性》的影响了。参见Ágnes Heller, *A Short History of My Philosophy*, Plymouth: Lexington Books, 2011, p. 31.

这一概念。"被抛性"是理解偶然性的前提。赫勒与海德格尔同样，强调了作为此在（dasein）的人的"被抛性"，正是"被抛性"这种被动状态让人无法选择自己所生存的世界。海德格尔指出，此在的这种被抛，就是被迫去面对"已展开了的世界"①。这就意味着总是有一个现成的世界摆在人的面前，而这个世界在人到此之前是未知的——不仅是时间上的未知，也是空间上的未知，因为即便在同一个时代，也存在不同的社会形态和结构。这是海德格尔对人最基本的生存论分析，也是赫勒思考的出发点。

"被抛性"意味着一种普遍的偶然性，即最初的偶然性。赫勒认为，无论现代人还是非现代人，都"被抛入一个特殊的世界"，而这种被抛不是"提前决定"的，无论是"时代""社会"还是"社会阶层"都是偶然的，且这一命题是"普遍化的"，指涉着这样一种随处随时可见的情况，即"作为人类生存的一般状况的最初的偶然性"。② 人的"被抛性"让人面对一个既定的世界，显示出人的被动状态与世界的现成性。而"被抛性"本质上意味着一种生存上的偶然性，即不确定的状态。虽然偶然性在此还是最为一般和普遍的状况，但从被抛到偶然的转化，已经意味着这

① 〔德〕海德格尔：《存在与时间》，陈嘉映、王庆节译，商务印书馆 2016 年版，第 200 页。

② Ágnes Heller and Ferenc Fehér, *The Postmodern Political Condition*, New York: Columbia University Press, 1988, pp. 15—16.

种作为不确定状态的偶然性，既包括现成世界可能带来的威胁、动荡不安与对之的无力抗拒，又透露出可能存在的积极道路。最初的偶然性是理解现代人的偶然性的基础。

现代人的偶然性是更为特殊的偶然性，是最初的偶然性在现代的新形态，即"次级的偶然性"。次级的偶然性是对最初的偶然性的突破，是对被抛的、无法选择的状态的脱离。赫勒认为，对于现代人而言，他们"成为偶然性的承担者"，"一切都成为可能的"，并且现代人的"不确定性"、"命运的空缺"、出生时的那个位置（the position）变成一种环境（a context）等，都是"次级偶然性的状况"。①这就不仅拓展了偶然性这一概念，而且揭示出最初的偶然性之中潜藏着的次级偶然性，表明了现代人的特点。之所以偶然性在现代人身上发生了变化，是因为社会历史的发展打破了曾经单一的、固化的社会关系，即得益于生产的发展，"子从父业"的静态社会被打破，人不再束缚于他所出生的家庭、阶级、社会，而是有机会自己进行选择。正如赫勒所言，现代人自己制造自己的生活，宿命或天命（fate）不再决定人与世界的关系，取而代之的是人（自己选择）的命运（destiny）或归宿。②由此可见，现代人的

---

① Ágnes Heller and Ferenc Fehér，*The Postmodern Political Condition*，New York：Columbia University Press，1988，p. 17.

② Ágnes Heller and Ferenc Fehér，*The Postmodern Political Condition*，New York：Columbia University Press，1988，p. 17.

偶然性是在扬弃了"被抛性"、最初的偶然性之后的次级偶然性。

对于次级偶然性，赫勒从社会历史的角度进行了深入的剖析。赫勒认为，"历史的—社会的偶然性"是现代人的状况。[①] 这揭示了"次级的偶然性"的社会历史性。在赫勒看来，这种偶然性不是个人的偶然性。如果说个人的偶然性，即作为一般人类生存状况的最初的偶然性，是在人之先，并规定人的发展的，那么社会历史的偶然性就是现代社会本身所带给人的偶然性，即在现代社会中，个人所面对的社会制度、社会关系都是偶然的，都是靠自己去获取的。赫勒强调，这种社会历史的偶然性，特别是对现代人来说，是第一性的。赫勒指出，"历史的—社会的偶然性是存在论的"，这是对"作为现代人类状况的偶然性"的具体表述。[②] 在此，赫勒用"偶然性"（contingency）和"出生的偶然"（accident of birth）来区分现代人的"次级的偶然性"或者说"历史的—社会的偶然性"，以及作为一般人类生存状况的"最初的偶然性"或者说个人的偶然性。赫勒指出，"出生的偶然"不是"偶然性"，前者是前现代的，

---

① Ágnes Heller, *A Philosophy of History in Fragments*, Oxford: Blackwell Publishers, 1993, p. 16.

② Ágnes Heller, *A Philosophy of History in Fragments*, Oxford: Blackwell Publishers, 1993, p. 17.

而后者则是现代的，后者是对前者的扬弃。① 这就更加清晰地表明，"出生的偶然"只有在出生的那一刻是偶然的，个人余下的生命都是必然的，而现代人的"偶然性"就既包含了出生时刻的偶然，又解除了余下生命的必然。可以说，个人的偶然性只在于出生的偶然，而社会历史的偶然性包含了向未来绽出的偶然。

通过赫勒的论述可以看到，现代人的偶然性不是随机性，不是被抛性，而是现代人的自由。赫勒指出，与前现代人不同，现代人的人生是没有被"终极目标"决定的，现代人"选择自己的框架"。② 因此，就日常生活状况而言，现代人是自由的，因为他们摆脱了宿命论的支配，现代人在日常生活中自己进行选择。正是在这种选择过程中，偶然性的自由向度得以体现。正如赫勒所言，"现代人的摇篮上什么都没写"③，现代人需要靠内在的力量去发掘自己的前路，这是一条自觉、自为的生存之路。但与此同时，这种偶然性所带来的自由却悄然构成现代日常生活悖论形成的条件。

---

① Ágnes Heller, *A Philosophy of History in Fragments*, Oxford: Blackwell Publishers, 1993, p. 17.
② ［匈牙利］阿格妮丝·赫勒：《道德哲学》，王秀敏译，黑龙江大学出版社 2014 年版，第 6 页。
③ Ágnes Heller, *A Philosophy of History in Fragments*, Oxford: Blackwell Publishers, 1993, p. 18.

（二）悖论的总体表现：在"存在"与"虚无"之间

尽管现代人拥有了更多的自由，扬弃了必然的生活，但在赫勒看来，这并不保证这条自由之路一定通向美好的彼岸，这条道路既可能通向"存在"也可能通向"虚无"。这就表明了现代日常生活是在"存在"与"虚无"之间的。这是现代日常生活悖论的总体表现。

赫勒指出，现代人受到"更多'他者'的影响"。[①] 在赫勒看来，这种"他者"以社会规范为代表。在前现代社会，人往往为出生阶层、社会角色、父母、家庭所决定；而在现代社会中，人比以往更加依赖社会规范，这是发挥自身能动性的前提，所以即使现代人有了更多的自由，却更容易受到影响和干扰。首先，社会规范是对人的外在限制。赫勒指出，"社会规范"既限制了人的潜能，也决定了这一潜能的"有限性"。[②] 社会规范是外在于个人的，是对能动性的外在限制，是个人在日常生活中难以凭自身努力加以破除的。其次，社会规范全面地影响着现代日常生活，让现代人无法逃离。赫勒认为，现代人是在"社会状况"

[①] Ágnes Heller, *A Philosophy of History in Fragments*, Oxford: Blackwell Publishers, 1993, p. 19.

[②] Ágnes Heller, *General Ethics*, Oxford: Basil Blackwell, 1988, p. 18.

"预设和要求""事物"和"惯例"中的。① 可以说，社会
规范既包括了精神层面，如"预设和要求"，也涵盖了物质
层面，还涉及经验层面，对现代日常生活有着全面的影响，
令人难以摆脱。最后，社会规范影响着社会平等。在外在
限制与全面影响的基础上，这就根本地决定了现代人到底
是去往"存在"还是"虚无"。赫勒强调，正是社会规范建
立起了"平等与不平等"。② 当社会规范导向平等的社会
时，个人按这类社会规范行事，便更容易实现与他人的平
等相处，社会内部的不平等现象和压迫就相对减少，人就
能够通向"存在"；当社会规范倾向社会不平等时，社会中
的等级体系就会被重塑，在各种不平等现象的侵害中，个
人将有更大的概率走向"虚无"。

由此可见，基于现代人的偶然性所独具的特点，现代
人在获得自由的同时又更加依赖社会规范，使现代日常生
活为其所左右，最终导致现代日常生活在总体上表现为在
"存在"与"虚无"之间的悖论。赫勒指出，人的"日常活
动"，就是"长入一个'既定'世界的过程"，是"适应该
世界要求的内部过程"。③ 在日常生活中，人不断融入现代

---

① Ágnes Heller, *Everyday Life*, London：Routledge and Kegan
Paul，1984，p. 4.

② ［匈牙利］阿格妮丝·赫勒：《超越正义》，文长春译，黑龙江大
学出版社 2011 年版，第 3 页。

③ Ágnes Heller, *Everyday Life*, London：Routledge and Kegan
Paul，1984，p. 6.

的世界，现代人在平等或不平等的社会中，也就会做出不同的选择，走向不同的道路，或"存在"或"虚无"。

（三）悖论的具体表现：在功能主义双刃剑之下

如果说在"存在"与"虚无"之间是赫勒基于现代人的偶然性从逻辑上推演而来的，那么在功能主义双刃剑之下则是她基于现代社会的现实特征所做出的判断。赫勒根据现代社会的功能主义特点，对现代日常生活悖论进行了更深入的揭示，辨明了现代日常生活悖论的具体表现。

在赫勒看来，现代社会的特点在于"劳动的功能分工"，即个人的"功能"决定了他的命运。① 现代人拥有了更多的自由，能在日常生活中实现自我选择、决定命途，然而，受社会规范中功能主义的影响，现代人的自我决定是基于其所发挥的"功能"的。这种社会功能主义使现代人在自由地做出选择时，首先考虑这一选择在功能上的效果，因为功能的强弱会影响自身的未来，要想在功能主义社会实现自身的理想，就必须考虑选择所发挥的功能及其效果。功能主义作为"他者"的具体特点，为现代人设定了外部的规范，并逐渐发生异化，让功能成为目的，而人及其能动性则成为达到功能的手段。正如赫勒所言，现代

---

① Ágnes Heller, *General Ethics*, Oxford: Basil Blackwell, 1988, p. 145.

人是"某种职能的执行者"。① 现代人变成了一种手段。现代日常生活受功能主义的约束，人逐渐失去了本来由偶然性所带来的自由，在比前现代人更加自由的同时也变得日益不自由。这便是现代日常生活悖论更具体的表现。赫勒强调，这种功能主义一方面促进人的物质需要的满足，另一方面阻碍人的全面发展，影响人成为"天才"。② 赫勒从物质需要和人的全面发展两个方面剖析了现代日常生活的悖论性，充分揭示出功能主义对现代人的积极和消极影响。在赫勒看来，虽然这种功能主义带来了物质上的满足，但却从根本上阻碍了人的全面发展，让现代日常生活充满悖论性。正如卢卡奇所言，"分工中片面的专门化越来越畸形发展，从而破坏了人的人类本性"。③ 现代人在打破日常生活必然性宿命的同时，又产生了新的问题，现代日常生活处在功能主义双刃剑之下。

总而言之，现代日常生活悖论基于现代人的偶然性，在总体上表现为现代人在获得自由的同时又可能走向"虚无"，具体体现为现代社会的功能主义在带来生产力解放的同时又阻碍了"人类本性"或者说人的全面发展。正如赫

---

① ［匈牙利］阿格妮丝·赫勒：《道德哲学》，王秀敏译，黑龙江大学出版社 2014 年版，第 102 页。

② ［匈牙利］阿格妮丝·赫勒：《超越正义》，文长春译，黑龙江大学出版社 2011 年版，第 320—321 页。

③ ［匈牙利］卢卡奇：《历史与阶级意识》，杜章智、任立、燕宏远译，商务印书馆 1999 年版，第 168 页。

勒所言，在现代社会，"主体"带来了"科学和技术的浩劫"。① 在现代社会，人类运用科技来满足对实用性功能的需求，特别是将科技用于数字资本主义、社会媒体控制等，给日常生活带来了威胁。这既是赫勒思考的现实出发点，也是对现代日常生活悖论的鲜明例证。因此，为解决现代日常生活的悖论，就要回到现代日常生活的根源，即作为日常生活主体的人本身。

二、理解日常生活悖论：特殊性及其对悖论的影响

基于现代人的偶然性，赫勒揭示了现代日常生活悖论的双重表现。如赫勒所言，这种"科学和技术的浩劫"是由"主体"带来的，悖论的根源在于人本身，因此亟须对"主体"自身进行批判，以求理解并超越日常生活悖论。在她看来，人所体现出的是一种"价值体系"而非"单个价值"的特征。② 这种系统性的特点主要由两方面构成。赫勒认为，在人的各种属性中，可以区分出"特殊性"和"个体性"两大主要类型，这是两个"极端"。③ 其中，特殊性对于日常生活而言是第一性的，也是"主体"当中导

---

① ［匈牙利］阿格妮丝·赫勒：《现代性能够幸存吗?》，王秀敏译，黑龙江大学出版社 2012 年版，第 68 页。

② Ágnes Heller, *A Radical Philosophy*, Oxford: Basil Blackwell, 1984, p. 82.

③ Andras Hegedus et al., *The Humanisation of Socialism: Writings of the Budapest School*, London: Allison and Busby, 1976, p. 45.

致现代日常生活悖论的主要原因，而个体性则对克服特殊性的问题、超越现代日常生活悖论具有丰富的价值。

（一）赫勒对特殊性的界定

赫勒认为，每个人来到世界上时，都带有自身特殊的"给定的品质、能力和才能"，这些"与生俱来的品质和素质是自然禀赋"。[①] 从这一论述中可以看到赫勒对特殊性的定义及其地位，即作为"自然禀赋"的第一性。一方面，特殊性是"给定的""与生俱来的"，不是人能够自己选择的、后天的特质或素养，这就意味着对个人来说，特殊性是他最先拥有的，且之后的一切生存活动都是建基于特殊性之上的。正如赫勒所言，"这些特殊品质的培养是最低限度"，否则就连最基本的日常生活都难以维持。[②] 由此可见特殊性对日常生活而言的第一性。另一方面，特殊性是"特质""能力""才能""素质"等因素的集合，而这些因素都是内在于人的，能够为人所用，并服务于日常生活的。由此可见，特殊性的第一性不仅在于时间上的优先性，即作为"与生俱来的"基础，而且在于时间上的持续性，即特殊性能够维持日常生活，在日常生活中持续发挥作用。

---

① Ágnes Heller, *Everyday Life*, London：Routledge and Kegan Paul，1984，p. 8.

② Ágnes Heller, *Everyday Life*, London：Routledge and Kegan Paul，1984，p. 9.

所以赫勒说特殊性是"自然禀赋"，对人来说是第一性的，因此也是理解日常生活悖论的根本着眼点。

特殊性不仅是第一性的，也是发展着的，不是一成不变的形而上学预设，这也是理解日常生活悖论的出发点。赫勒认为，从出生开始，人就在培养着自己的"特殊性"，并且随着日常生活的开展，"特殊性"也变得越发多样。①从赫勒的论述中可以看到，特殊性的发展与日常生活是密不可分的。这是因为一方面，特殊性为日常生活提供能力、素质等方面的支持，另一方面日常生活又对特殊性提出新的要求，要求特殊性不断做出改变以适应当前日常生活的演化与特点。正是在与日常生活的交互作用中，特殊性不仅得到了发展和延伸，而且每一个人的特殊性都与其他人的越发不同，因为每个人的日常生活都是不可复制的，特殊性在这种不可复制的运动过程中也就变得越发具有异质性。正如赫勒所说，每个人都是独一无二的，都是"不可重复的"。②而如同系统一样，特殊性的发展愈发复杂，愈发具有异质性，也就会有更高的概率出现系统性问题，出现相悖的状况与悖论。

可以说，特殊性是与日常生活一道发展着的"自然禀

---

① Ágnes Heller, *Everyday Life*, London: Routledge and Kegan Paul, 1984, p. 8.

② Ágnes Heller, *A Radical Philosophy*, Oxford: Basil Blackwell, 1984, p. 84.

赋"。因此，特殊性对于理解现代日常生活悖论的意义，不仅在于特殊性所表现出的作为"自然禀赋"的第一性，而且在于特殊性与日常生活一道展开，随着日常生活的变化而变化。这就进一步表明了为什么要从特殊性的角度理解现代日常生活悖论。而特殊性何以是这种悖论的原因，在赫勒看来，主要在于以下三点，即特殊性的非反思性、一般化要求与排他性。

（二）特殊性的非反思性与日常生活悖论的形成

特殊性的非反思性，让人自发地与外部世界同一化，是日常生活悖论形成的基础。这在赫勒对特殊性的定义中已经有所透露。因为特殊性是一种"给定的""与生俱来的""自然禀赋"，所以就特殊性本身而言，它具有一种先在的直接性，这种直接性反映在思维上就是对现成事物的接受，即非反思性。因此赫勒指出，特殊性让人"完全"把自己和"理所当然的世界等同"，和"他自己等同"，即和"遗传先验"与"社会先验"等同，在此情况下，人无法对这两种先验加以反思，无法发现其"偶然特征"，以至于人"围绕这两种先验"来开展自己的生存活动。① 在赫勒看来，特殊性的直接性对人产生的影响主要表现在两个

---

① ［匈牙利］阿格妮丝·赫勒：《现代性能够幸存吗?》，王秀敏译，黑龙江大学出版社 2012 年版，第 81 页。

方面：一是让人接受"遗传先验"，也就是在先生成的生物经验，由此从根本上完全接受"自己"，并与之等同；二是让人接受"社会先验"，即在先生成的社会经验，从而接受现成世界的社会规范与法则，从而将世界看作"理所当然的"，并与之等同。正是在对内、对外的直接接受和等同的情况下，人养成了这种非反思的特点，因此既缺乏对自我的反思，也难以实现对世界的反思。在此情形下，日常生活便完全依赖各种被给定的状况，即"围绕这两种先验"而展开，受到"他者"的影响。所以赫勒指出，特殊性既让人"维护"自我，又使人和"舒适的"社会规范相等同。① 这就充分表明了特殊性对人的影响，即对现成事物的非反思的接受以及对现成社会规范的维护，以实现自身与社会的同一化。

正是这种非反思地与外部世界的同一化过程，令现代人直接受到现代社会功能主义的侵蚀，使日常生活悖论得以形成，且人难以走出这种悖论。具体而言，在这种非反思性的影响下，现代人倾向于直接接受功能主义，将功能主义这一先在的社会规范默认为日常生活原则，以对功能的追求为目标，而忽略了人类本性当中如价值、审美等其他方面的追求，逐渐遗忘人的总体性，走向片面。并且，

---

① ［匈牙利］阿格妮丝·赫勒等：《社会主义的人道主义：布达佩斯学派论文集》，衣俊卿编，文长春、王静译，黑龙江大学出版社 2014 年版，第 40 页。

功能主义所带来的物质财富，给人以正向反馈，让人肯定自己所做的抉择，对功能主义的反思更加无从提起。正如赫勒所言，"特殊性的个人自发地'生活在'自己的世界中"①，即特殊性让现代人"自发地"接受现代社会的功能主义，并将外部世界与"自己的世界"相等同，把这种外部规范完全当作自己的规范来生活和开展行动，活在自以为的"自己的世界"。

（三）特殊性的一般化要求与日常生活悖论的加剧

特殊性具有一般化要求这一特点，让人寻求共同的原则，加剧了日常生活悖论。从赫勒对特殊性的理解中可以看到，尽管特殊性让每个人都异于他人，但这并不阻碍人与人的交流，因为特殊性能够且必须实现一般化。对此，赫勒指出，正是"一般化"的过程，传播了"人的类本质"，使"特殊性"得以延续。② 这就是说，特殊性是"类本质"的体现，但是，如果不将特殊性一般化，那么人与人之间就是孤立的关系，人作为一个类存在物就会走向消亡，特殊性也就不复存在，所以特殊性与一般化不仅是时

---

① ［匈牙利］阿格妮丝·赫勒等:《社会主义的人道主义：布达佩斯学派论文集》，衣俊卿编，文长春、王静译，黑龙江大学出版社 2014 年版，第 43—44 页。

② Ágnes Heller, *Everyday Life*，London：Routledge and Kegan Paul，1984，p. 9.

间上的先后关系，在逻辑上也是互为条件的。由此可见一般化对特殊性的重要性。而一般化就是将特殊性的内容、特点以更具普遍性的方式表达出来，即使之对象化（objectify）或变成对象化领域（objectivations 或 spheres of objectivations）。正如赫勒所言，人的独一无二只能在"对象化"中才得以可能。① 正是通过这种一般化与对象化领域，特殊性或通过语言，或通过习惯，或通过劳动产品、艺术品等得到表达和印证。虽然这种一般化将人的特殊性外化出来，既实现了自我表达，也实现了人与人之间的联系，但是，这种一般化与对象化过程并不是主观任意的，而是要求在共同的原则指导下进行，且对于现代人来说，这种原则常常源自最直接的社会规范。

赫勒指出，人是以"特定的、把自己作为起始的视角"来认识外部世界，并进行活动和处理与外部世界的关系的，而且人还发现了自己是世界的中心。② 这即是说，在人自身看来，自己仍然是特殊性以及特殊性的一般化的主体，原则并非来自社会规范。但是，特殊性的非反思性已经让人自发地接受外部世界的规范，与之等同。所以，即便是以"自身作为起始的观点"，仍然已经是接受了外部世界规

---

① Ágnes Heller，*Everyday Life*，London：Routledge and Kegan Paul，1984，p. 9.

② Ágnes Heller，*Everyday Life*，London：Routledge and Kegan Paul，1984，p. 9.

范之后的观点，是对社会规范的采纳。

因此，正是这种一般化和形成对象化领域的逻辑要求，强化了现代社会功能主义的操纵，使日常生活悖论加剧，因为在现代社会，这种一般化和对象化过程从社会规范中所汲取的共同原则就是功能主义。由此，特殊性的一般化也就将功能主义引入这一过程，从而既接受功能主义所带来的物欲的满足，又麻木于各种类型的危机，使现代日常生活的悖论加剧。而作为一条逻辑前提的一般化要求之所以在现代社会才成为问题，是因为现代社会中的各种问题以更加隐蔽但又明显的方式出现着——隐蔽即各种问题都为这种物欲的极大满足所掩盖，明显即在这种物欲满足的掩盖下，各类问题大行其道，资本的逐利性与功能主义相互叠加，社会问题在人类历史上最为突显和严重。

（四）特殊性的排他性与日常生活悖论的固化

特殊性具有异化的一面，表现出排他性，使日常生活悖论固化。在赫勒看来，非反思性、对共同原则的寻求本身尚不是特殊性异化的一面，仅是特殊性内在的一种特质与逻辑要求，其并不独立构成对日常生活的威胁，但排他性则是特殊性异化的表现与特点，因为排他性能够独立、直接威胁日常生活，所以可以使现代日常生活悖论固化。之所以说特殊性的异化是排他性，是因为特殊性所带来的个体的独特性发生了异化，这种独特性脱离了类本质，割裂了人类彼此间的联系，倾向于以自我为中心，排斥他人。对此，赫勒强调，这是因为特殊性让人和"类本质"之间缺乏"自觉的关系"，即没有完地融合与传达当中的"价值"。[①] 特殊性的异化让人误将自己的个体存在当作中心，忽略了自己作为类存在物这一事实，以及类本质与价值，所以表现出以自我为中心和对他者的排斥，即排他性。对此，赫勒进一步指出，这种排他性就是对手段和目的的颠倒。在特殊性异化，即排他性影响下的人，让"本质"服务于"生存"，就让"类本质贬值"，这就是"特殊的、异化的人"。[②] 由此可见，特殊性的异化就在于颠倒了本质与生存、目的与手段的关系，让人的类本质屈居于生存活动之下，成为生存的工具，从而导致"人类本性"和总体性的丧失。

在赫勒看来，这种排他性主要表现在动因、情感和语言三个方面。首先，赫勒认为，特殊的动因（a partikuláris motivációt）是排他性最基本的表现形式，体现为日常生活上的排他性，即为了日常生活需要而排斥他人，实现对物的占有。她指出，受此动因影响的活动，是"特殊的动因

---

① Ágnes Heller, *Everyday Life*, London：Routledge and Kegan Paul，1984，p. 16.

② Ágnes Heller, *Everyday Life*, London：Routledge and Kegan Paul，1984，p. 17.

的最基本、最自发的形式"。① 其次，对于情感，赫勒强调，虽然情感本质上并非如此，却可以凭"所涉及的对象"而变成排他性的。② 由此可见，排他性不仅涉及目的的层面，还与非理性的情感密切相关。并且，排他性情感是可以延伸的，从以个人为中心延伸到一切与个人相关的事物，但无论这一范围包含了多少内容，其基本的态度仍然是排他性的。正如赫勒所言，这些延伸了范围的情感，能够像"与自我觉察相关联的情感一样"，成为排他性的。③ 最后，赫勒认为，排他性的语言不仅本身是排他性的，而且也是对相关动因、情感的掩盖，三者相互作用。在赫勒看来，排他性的语言通常诉诸对他人利益的维护，从而让自己的行为合法化。赫勒强调了语言表达的双重性，即人维护自己的特殊性，同时也维护"他人的利益"。④ 所以说，语言对排他性的维护主要源于"整体"和一种"为我们觉察"⑤，这种"为我们觉察"正是将以"我"为中心的排他

---

① Ágnes Heller, *A Mindennapi Élet*, Budapest：Akadémiai Kiadó, 1970, p. 34.

② Ágnes Heller, *Everyday Life*, London：Routledge and Kegan Paul, 1984, p. 11.

③ Ágnes Heller, *Everyday Life*, London：Routledge and Kegan Paul, 1984, p. 12.

④ Ágnes Heller, *Everyday Life*, London：Routledge and Kegan Paul, 1984, pp. 13—14.

⑤ Ágnes Heller, *Everyday Life*, London：Routledge and Kegan Paul, 1984, p. 14.

性偷换成以"我们"为中心，从而掩饰和维护其本质上的排他性。排他性，通过动因、情感、语言作用于人，使人逐渐遗忘自己的类本质，不仅将人因于自己的小天地，而且割裂人与人之间的交往。对此，赫勒强调，受排他性的影响，人只是"在公共中活动的存在"，而非"公共的存在"。①

由此可见，排他性作为特殊性的异化，不仅颠倒了目的与手段的关系，而且束缚了人，导致人的总体性的丧失，使人片面化，而正是这一异化的后果构成了现代日常生活悖论的直接原因，使日常生活悖论固化。在赫勒看来，尽管各种排他性问题一直都有，但在现代社会中，它才明确地显示自身，成为悖论的直接原因。赫勒指出，只有在现代资本主义中，"特殊性才公开摊牌"，以"自我主义"为原则。② 并且，特殊性的异化不仅维护特殊性本身，也"维护建基于其上的整个系统"。③ 这就不仅纵容了功能主义在现代社会的横行，而且通过自我主义的方式使其合理化，因为排他性的前提就是对一定事物的占有，这种占有

---

① ［匈牙利］阿格妮丝·赫勒等：《社会主义的人道主义：布达佩斯学派论文集》，衣俊卿编，文长春、王静译，黑龙江大学出版社 2014 年版，第 44 页。

② Ágnes Heller，*Everyday Life*，London：Routledge and Kegan Paul，1984，p. 14.

③ Ágnes Heller，*Everyday Life*，London：Routledge and Kegan Paul，1984，p. 14.

不仅是一种所有权关系，更是一种对功能性的占有，所以就在实践的层面固化了日常生活悖论。

总的来说，对日常生活而言，特殊性是第一性的，不仅逻辑地孕育着现代日常生活悖论的可能，而且特殊性的非反思性、一般化要求与排他性直接成为这种悖论的原因。正如弗洛姆所说，在现代人的心理机制中，"极端自我中心和追求自利动机"占有重要地位。[①] 这就从心理机制上印证了赫勒对特殊性的分析，这种心理机制反映了特殊性对现代人的影响，进而造成现代日常生活悖论。但是赫勒并不因此悲观。在她看来，特殊性并非人的唯一属性。即便特殊性的力量如此强大，现代日常生活如此成为悖论，"自由的个体性"仍然可以得到发展。[②] 这就强调了超越日常生活悖论的突破口，即个体性的生存论价值。

三、超越日常生活悖论：个体性及其生存论价值

个体性与特殊性一样，同样是个人的属性，在日常生活中有着重要的生存论价值。赫勒指出，在现代功能主义的影响下，即受"例行公事和一种半本能的重复"的影响，

---

① ［美］艾里希·弗洛姆：《逃避自由》，刘林海译，上海译文出版社 2015 年版，第 75 页。

② Ágnes Heller, *Everyday Life*, London：Routledge and Kegan Paul，1984，p. 15.

"个人的独特性"在不断减少①，让人在认知、价值、审美等更高的领域变得趋同。这就亟需个体性发挥作用，克服特殊性所带来的问题，恢复人的"独特性"，超越日常生活悖论，因为在赫勒看来，个体性是与造成现代日常生活悖论的特殊性相对的另一"极端"，是内在于人的对特殊性的克服。个体性的生存论价值是不可磨灭的。赫勒强调，人必须成为"他们之所是"，即"自由和理性的人"。② 对日常生活悖论的超越离不开个体性。

（一）赫勒对个体性的界定

赫勒从三个方面定义了个体性。第一，个体性是类本质的反映。赫勒认为，个体性是"类的发展"的代表。③个体性与人的类本质直接相关，是其最鲜明的"代表"，能够直接反映类本质的发展状况。个体性的这一特点也就从根本上将其与作为"自然禀赋"的特殊性区分开来。如果说特殊性作为一种"给定的"能力、素质等，在日常生活中更多地起到工具性的作用，那么个体性则是人的类本质的表达，反映出人之所以为人，更接近人的本质，赋予日

---

① ［匈牙利］阿格妮丝·赫勒：《现代性能够幸存吗?》，王秀敏译，黑龙江大学出版社 2012 年版，第 53 页。

② ［匈牙利］阿格妮丝·赫勒：《历史理论》，李西祥译，黑龙江大学出版社 2015 年版，第 36 页。

③ Ágnes Heller, *Everyday Life*, London: Routledge and Kegan Paul, 1984, p. 16.

常生活更深刻的意义。第二，个体性代表着类本质与人的发展的可能性。在赫勒看来，个体性之所以代表了"个人的潜能"，是因为其吸收了"类本质的潜能"。① 这就进一步表明，个体性对类本质的反映并不是静态的，而是动态的，即个体性不仅是对当下类本质状况的反映，而且也是对类本质未来发展的可能性的反映，从个体性当中可以看到类本质的发展可能，从而窥见个人的发展可能。第三，个体性是个体性的生成，是不断地具有个体性、发展出个体性。赫勒指出，"个体性是一种发展"，是"个体的生成"，这种生成是具有多样性的，并且，"个体性永远不是完成的"，而是在"变动不居的状态"中的，这种"变动不居"就是对特殊性的超越，复又将其"'综合'成个体性的过程"。② 在此，个体性具有了新的生存论内涵，即个体性并非只是对类本质在现在和未来向度上的反映，不只是一种反映论关系，更重要的是，个体性就是过程本身，且是一种扬弃了特殊性的过程，其之所以能够赋予生存活动以意义，并非只是因为它比特殊性更高级，而是因为个体性就是更有意义的生存活动本身，体现出生存论的内涵。这

① Ágnes Heller, *Everyday Life*, London: Routledge and Kegan Paul, 1984, p. 16.
② Ágnes Heller, *Everyday Life*, London: Routledge and Kegan Paul, 1984, p. 15.

也正如葛兰西所言，"人是他的活动的过程"①。正是在这种个体性活动之中，人的类本质得到回归和展现，人成为人本身而非实现功能的手段。从赫勒对个体性的三重定义可以看到，个体性通过展现人的类本质，不断实现自身发展，从而让人超越特殊性，这就克服了现代日常生活悖论产生的原因，超越了现代日常生活悖论。

（二）在历史维度的超越：对现成性的克服

在历史维度上看，个体性的生存论价值表现为对现成性的克服。与海德格尔一样，赫勒也从时间来阐释个体性，意在表明个体性在历史维度的生存论价值，即对现成性的超越。赫勒指出，个体性意味着"超越了我的当下"，即从"现在"出发，一方面实现对过去的"重新阐释"，另一方面实现对未来的"建构"。② 这就是说，个体性就是要突破一种"当下"的现成的认识，实现一种新的生存活动，并在这种新的生存活动的影响下，既重新理解自己的过去，赋予其个体性的意义，又从个体性出发建立起充分展现自身个体性的未来，从而实现生存的飞跃。

从赫勒对个体性的这一理解可以看到，在个体性超越

---

① ［意］葛兰西：《实践哲学》，徐崇温译，重庆出版社 1990 年版，第 34 页。

② ［匈牙利］阿格妮丝·赫勒：《历史理论》，李西祥译，黑龙江大学出版社 2015 年版，第 41 页。

当下的过程中，人既克服了特殊性的非反思性，开始重新思考过去，并有意识地筹划未来，又克服了特殊性对共同原则的片面寻求，开始超越外部既定的规范，超越"当下"。并且，这种"重新阐释"和"建构"活动显然是一种更加多元化的活动，因为这意味着与既定阐释和现成不同，体现出多样性的特点，由此便同时也是对特殊性的排他性的超越。因此，对于现代人来说，这就是突破现代功能主义的束缚，克服现成性，超越现代日常生活悖论，个体性因而在历史维度展现出生存论价值。

（三）在主体维度的超越：人作为目的复归

在主体维度上看，个体性的生存论价值体现在人及其存在作为目的而复归。在赫勒看来，个体性能够让人自觉地认识到自己的类本质，并且不再把自身等同于"生存需要"，也不再让"存在"和"存在的力量"屈居于"生存需要"之下，作为满足这一需要的手段，而实现了这一状态的人就是"个体"，即"自觉的类存在"。① 因为个体性是对类本质的反映，所以个体性能够将类本质传递给个人，从而开启对类本质的自觉。在个体性的影响下，个人不再将自己的人生目标仅仅设定为日常生存活动的成功。这就

---

① Ágnes Heller, *Everyday Life*, London：Routledge and Kegan Paul，1984，p. 17.

是说，在个体性的作用下，人开始意识到自身需要的多样性，不再以"生存需要"为自身划界，摆脱了仅仅以满足"生存需要"为目的的生存状态，让人本身及其存在成为生存的目的。这就使在现代社会中被降格为手段的人重新成为目的，重新回归主体的位置。在此情况下，生存只是一种手段，是为了人的存在得以彰显的手段，是服务于此在的绽出的。

得益于个体性的人，在一定条件下，是可以为了更高的价值、为了人的存在和类本质而舍弃"生存需要"的。正如赫勒所强调的，"个体并不必然渴望""保全他自己"。① 尽管个体的生存、肉体生命的保存是个体性之彰显的物质前提，但在一定情况下，个体是能够为了类本质价值、人的存在而进行自我牺牲的，并且正是在这种牺牲当中，类本质得到了更深刻的突显。在赫勒看来，这是因为作为"自觉的类存在"的个体，"自觉地"以其"生命"为对象。② 对个体而言，他并非沉沦于对物质的生命的享受，而是从类存在的角度审视自身的生命，将之作为对象，来实现、彰显类本质。"向死而生"在此被赋予了新的意义，

① Ágnes Heller, *Everyday Life*, London：Routledge and Kegan Paul，1984，p. 20.
② ［匈牙利］阿格妮丝·赫勒等：《社会主义的人道主义：布达佩斯学派论文集》，衣俊卿编，文长春、王静译，黑龙江大学出版社2014年版，第40页。

即对类本质的自觉和实现。对于现代人来说，就是自觉地将其生命从功能主义的束缚中抽离，主动从现代社会的物欲满足中抽身，追求类本质价值，实现自身的存在。

在个体性的影响下，人摆脱了对"生存需要"的沉醉，作为目的而回归，这也意味着人的主体性的回归。得益于个体性，个人不再仅仅是特殊性的个人，而是成为具有个体性的个人，即个体，彰显了类本质。对于作为主体的个体，赫勒进一步强调，在个体眼中，现成世界不是"伪超越性的"，现成世界的这种样态在个体性不断实现的过程中反而逐渐消失，所以，个体可以在现成世界中，识别并拒绝那些妨碍类本质展现的"因素和要求"，摆脱"纯粹礼节形式"的、"具有负面价值内涵"的东西。① 从中可见个体性的超越性。尽管现代社会用功能主义、物欲的满足迷惑人，显示出相比前现代社会的优越性，但在个体看来，这种优越是"伪超越性的"，即在超越前现代社会的同时又带来了新的问题，也就是现代日常生活悖论。在个体看来，这种世界甚至连"伪超越性"都不具备，因为对个体而言，这种超越只是悖论的伪装，所以赫勒说个体能够识别并拒绝那些阻碍人的存在和类本质的"因素和要求"。因此，个体性使人作为目的而复归这一价值是在主体维度上的价值，

---

① ［匈牙利］阿格妮丝·赫勒等：《社会主义的人道主义：布达佩斯学派论文集》，衣俊卿编，文长春、王静译，黑龙江大学出版社 2014 年版，第 43 页。

使人的主体性得以彰显，以从根本上超越日常生活悖论。

（四）在意识维度的超越：世界观与生活准则

人在作为目的回归，即成为个体的人之后，便与受特殊性主宰的人划清了界限，其生存方式与日常生活具有根本的不同。首先是意识维度的区别所带来的生存方式的不同，这体现出个体性在意识维度的价值。赫勒认为，个体并非自发地接受现成的规范，而是有自己的"世界观"和"生活准则"，且这种世界观的定位是在"平息冲突"以及对"现实的重建或者保护"。① 这一方面表明，个体性为个体的生存活动带来了一种自觉的独特性——是与特殊性的自发的独一无二不同的——也就是拥有自己的"世界观"和"生活准则"，是对"社会先验"的有意识的扬弃，是自身类本质的彰显，是此在的绽出。另一方面，在个体的生存活动中，"冲突"是具有消极价值而得到有意识地克服的，也即对现代功能主义所带来的科学技术问题的自觉和解决。所以赫勒说个体的世界观是意在"重建"或"保护"人所生存的世界，而非任其在悖论当中走向危机。

基于个体自己的"世界观"并自觉地参与世界的建构这一事实，可以说个体是"公共的存在"，而非像仅在特殊

---

① ［匈牙利］阿格妮丝·赫勒等：《社会主义的人道主义：布达佩斯学派论文集》，衣俊卿编，文长春、王静译，黑龙江大学出版社2014年版，第43—44页。

性影响下时"在公共中活动"。赫勒指出，个体"反对对世界的拜物教"，个体的"世界观"在于"选择"，即"选择共同体"，这与"生活准则"的形成是辩证统一的。① 世界观和生活准则在意识的维度上指导着人的选择活动。这同时也表明了个体所形成的自觉的世界观的意义，即对"对世界的拜物教"的反抗。这种"对世界的拜物教"，就是对既定社会现实的拜物教，即对功能主义不加批判地接受。由此可见个体性对于超越现代日常生活悖论的意义，即通过意识的改变，世界观与生活准则的形成，为反抗拜物教提供指引。

（五）在实践维度的超越：共同体与自律选择

个体性所赋予个体的，不仅是自己的"生活准则"与意识维度的自觉，或者说一种引导生存活动的意向，而且对个体有着实践维度上的影响，即"选择"。这种"选择"的首要对象是"共同体"，因为"共同体"是人之为人所必须接触的。人一生下来就已经在家庭这一"共同体"当中，并随着成长逐渐融入团伙、群体、社会、阶级等各种"共同体"中。可以说，"共同体"让人成为人，正如马克思所

---

① ［匈牙利］阿格妮丝·赫勒等：《社会主义的人道主义：布达佩斯学派论文集》，衣俊卿编，文长春、王静译，黑龙江大学出版社 2014 年版，第 44 页。

言，人是"一切社会关系的总和"①。对"共同体"的自觉
选择是人的"社会关系"的反映，更是个体性的体现。因
此，个体在个体性的引导下，积极地选择"共同体"，构建
自己的"社会关系"，让自己的生存活动更具公共性和社会
性，从而实现自身"公共的存在"，进而在"社会关系"中
实现自身的类本质，在实践中超越日常生活悖论。

如果说"共同体"是从对象的角度反映出个体性所带
来的选择的生存论价值，那么选择活动本身所体现的生存
论价值则在于自律性。在个体性的影响下，人不仅自觉地
做出选择，而且将自身的个体性展现出来，加以实现。赫
勒认为，自律就是在选择的过程中，个体为所选择的"事
实"及其"内涵和外貌"增添"个体性的印记"。② 这就是
自律的选择。因为个体性是类本质的反映，是对特殊性的
克服，所以受个体性影响的选择，是在类本质的引导下进
行的，不被特殊性干扰，所以是自律的。正是在这种自律
的状态中，选择作为实践活动才能保证将个体性现实化，
让选择的结果带上"个体性的印记"。由于选择活动的自律
性，人不再作为功能主义的搬运工进行活动，而是基于类
本质进行活动。这种自律性的活动在实践的层面影响着日
常生活的状况，带来日常生活的变革。赫勒强调，个体

---

① 《马克思恩格斯文集》第 1 卷，人民出版社 2009 年版，第 501 页。

② Ágnes Heller, *Everyday Life*, London：Routledge and Kegan Paul，1984，p. 22.

"以实现自己的个体性的方式自觉地选择"①。这就表明，个体性通过赋予选择这一实践活动以自律性，从而克服特殊性的影响，在实践层面上体现出对超越现代日常生活悖论的价值。

总的来说，在理论内涵上，个体性既是类本质及其可能性的反映，又是不断发展出个体性、克服特殊性的过程。个体性的生存论价值，首先就是在历史维度对现成性的超越；其次是在主体维度使人及其存在作为目的本身而复归，并让人成为个体；再次是在意识维度形成自己的"世界观"和"生活准则"；最后是在实践维度能够做出自律的选择，让个体性在现实当中得到实现，进而实现日常生活全面的变革，克服现代日常生活的悖论。正如葛兰西所说，如果把人看作"能动的关系"，"个性（即个体性'individuality'）就是这些关系的总和"，那么拥有个体性就是达到对"这些关系的意识"，而实现或者改变个体性，也就是"改变这些关系的总和"。② 由此可见，无论对赫勒还是葛兰西而言，个体性所反映的都是人的本质，个体性的实现也是人本身的变化，个体性的生存论价值也就是对人的生存活动及日常生活的有意识的改变。而实现了个体

---

① Ágnes Heller, *Everyday Life*, London：Routledge and Kegan Paul，1984，p. 23.

② ［意］葛兰西：《实践哲学》，徐崇温译，重庆出版社 1990 年版，第 36 页。

性的人，在赫勒看来，就是个体。这种个体不再沉溺于现代功能主义所带来的物欲享受，而是自觉现代日常生活之悖论性，并有意识地拒绝、改造、克服这一悖论。个体如同马克思所言，是"有意识的类存在物"，"把类看做自己的本质"，即"把自身看做类存在物"。①

四、小结

现代社会物质水平高度发达，但各种社会危机、生态危机层出不穷，这引起了赫勒的关注。通过对现代人的分析，赫勒看到了现代人的偶然性，辨明了在现代社会功能主义的盛行之下，现代日常生活的悖论性，即一方面人的物欲得到极大满足，另一方面则出现了现代社会独有的各种危机，而这一切都是主体造成的。赫勒对人这一主体进行了分析，强调了特殊性与个体性对于认识和克服这种日常生活悖论的重要性。在赫勒看来，特殊性是这一悖论产生的根本原因，而个体性则体现出丰富的生存论价值，对于超越这一悖论有着重要的意义。

通过赫勒对现代日常生活悖论的批判可以看到，虽然现代日常生活出现了问题，不仅有各种异化现象、社会危机，而且有特殊性对个体性的阻碍，对人的解放形成阻

---

① 《马克思恩格斯文集》第 1 卷，人民出版社 2009 年版，第 162 页。

力，但这并不能否定个体性的生存论价值。通过对个体性的分析，赫勒不仅厘清了个体性在历史、主体、意识维度对于解放人的意义，强调个体性对现成性的克服、使人作为目的复归以及形成一种与类本质具有自觉关系的"世界观"与"生活准则"，而且辨明了个体性对于在实践中解决现代日常生活悖论的意义，即人应当在个体性的引领下，在日常生活中实现自律的选择，不仅实现对"共同体"的自觉选择，而且在各种选择活动中，实现内在于自身的个体性。在充分发扬个体性的生存论价值的基础上，现代日常生活悖论将得以克服，从而推动人的解放和人道化进程。

总的来说，对现代日常生活悖论的批判生发于对现代日常生活悖论的思考，扎根于对特殊性的分析，结果于对人的个体性的培养和实现。人作为特殊性和个体性的统一体，既是现代日常生活悖论的源头，也是破解悖论的关键。一方面，赫勒对日常生活悖论的批判，既为克服现代社会人类面临的问题提供了主体和个体性的视角，具有深刻的现实意义，又促进了马克思主义在东欧的延伸和拓展，强化并发展了马克思主义的主体性维度，更为她的历史理论、道德理论、美学理论等整个思想理论体系奠基。另一方面，赫勒的这一理论探索表现出对个人主体的过度依赖，具有一定的乌托邦色彩，需要加以批判的审视。简言之，赫勒希望通过培养个人的个体性，使个人主体成为个体，以克服现代日常生活悖论。但这面临着如下现实问题，即个人的转变能否推动日常生活整体的转变？首先，个人的转变是有限度的。赫勒自己也承认，在现代社会，社会规范等"他者"的影响力是空前的。所以，个体的实现及其程度是受外部世界制约的。在这一前提下，以个体来克服现代日常生活悖论的道路就是存疑的。并且，个人和现代社会整体之间的力量关系是不匹配的。在现代资本主义国家中，社会权力高度集中，消费主义盛行，个人难以凭一己之力对抗资产阶级对日常生活的控制。正如马克思和恩格斯所言，统治阶级"调节着自己时代的思想的生产和分配"①。这一方面表明个体性的养成及其程度是受统治阶级影响的，另一方面表明个人和统治阶级力量关系的不匹配。由此可见，在现代资本主义国家，要想通过个人对类本质的自觉以改变个人的日常生活、改变日常生活整体，是具有乌托邦色彩的。

---

① 《马克思恩格斯文集》第 1 卷，人民出版社 2009 年版，第 550—551 页。

图书在版编目（CIP）数据

批判理论·成都评论．2 / 傅其林主编． -- 成都：
四川大学出版社，2025．5． -- ISBN 978-7-5690-7804-6

Ⅰ．B085-53

中国国家版本馆 CIP 数据核字第 2025LV0165 号

书　　名：批判理论·成都评论（2）
　　　　　Pipan Lilun·Chengdu Pinglun（2）
主　　编：傅其林

选题策划：王　冰
责任编辑：王　冰
责任校对：吴近宇
装帧设计：墨创文化
责任印制：李金兰

出版发行：四川大学出版社有限责任公司
　　　　　地址：成都市一环路南一段 24 号（610065）
　　　　　电话：（028）85408311（发行部）、85400276（总编室）
　　　　　电子邮箱：scupress@vip.163.com
　　　　　网址：https://press.scu.edu.cn
印前制作：四川胜翔数码印务设计有限公司
印刷装订：四川煤田地质制图印务有限责任公司

成品尺寸：125mm×185mm
印　　张：5.5
插　　页：1
字　　数：112 千字

版　　次：2025 年 5 月 第 1 版
印　　次：2025 年 5 月 第 1 次印刷
定　　价：36.00 元

本社图书如有印装质量问题，请联系发行部调换

版权所有 ◆ 侵权必究

扫码获取数字资源

四川大学出版社
微信公众号

投稿须知

《批判理论·成都评论》（*Critical Theory：Chengdu Review*）依托四川大学国家一级重点学科和 A＋学科中国语言文学以及文艺学国家重点学科的学术交流平台，由四川大学文学与新闻学院马克思主义文艺理论研究中心承办。2024年开始出版发行，一年两卷（5 月和 10 月）。统一论文格式：题目、作者、中文摘要（500 字左右）、中文关键词、中文作者简介、题目英文名、英文作者、英文摘要、英文关键词、英文作者简介、正文、页下注释（注释规范见后）；论文篇幅一般 8000 字以上。

《批判理论·成都评论》采取页下注释（脚注）的方式，注释序号用①②③……标示，注意文中阳圆与脚注序号一致。注释的格式示例如下。

1. 著作

余东华：《论智慧》，中国社会科学出版社 2005 年版，第 35 页。

2. 译著

［美］爱德华·赛义德：《赛义德自选集》，谢少波、韩刚等译，中国社会科学出版社 1999 年版，第 138 页。

3. 期刊、报纸

袁连生：《我国义务教育财政不公平探讨》，《教育与经济》2001 年第 4 期。

4. 外文专著

Seymou Matin Lipset and Cay Maks, *It Didn't Happen Hee：Why Socialism Failed in the United States*，New York：W. W. Norton & Company，2000，p. 266.

5. 外文期刊

Christophe Roux-Dufort，"Is Crisis Management（Only）a Management of Exceptions?" *Journal of Contingencies and Crisis Management*，Vol. 15，No. 2，June 2007.

编辑部主任：高树博（四川大学文学与新闻学院），13458575629

联络秘书：陈浩东，18349393733

统一投稿邮箱：criticaltheory88@sina.com